Regula Leupold

# Tanzen mit Titlá

## Tradition meets Invention

18 neue Tänze von
*Alpen-Irish* bis *Klezmer*
für Jugendliche und Erwachsene

FIDULA

# Inhalt

## Wie es dazu kam ... — 5
Tabelle 1: Übersicht und Kurzbeschreibung der Tänze und Musiken — 6

## Einführung — 8
Tanzen mit Titlá – „Alpen-Irish" bis Klezmer — 8

„Tradition Meets Invention" –
Neue Volksmusik als Inspirationsquelle für neue Gemeinschaftstänze — 9

„Tanzend tanzen lernen und lehren" –
Gedanken und Tipps zur Tanzvermittlung — 10

## Die Tänze — 12
Tyrish Polka — 12

Schotter-Polka — 18

Toblana Eck — 22

Bretonischer — 30

Alpen-5er (Schützen-Square) — 33

Challenge of Change (Hiasl Bairischo) — 38

Di Grine Kuzine — 44

Di Mesinke — 49

Scherele — 56

Mazeltov — 64

| | |
|---|---|
| Tumbalalaika | 68 |
| Zigainaliabe (Djinee tu kowa ziro) | 72 |
| 'S Gaistl ('S Innofeldmandl) | 78 |
| Di wilde Foore | 82 |
| Schiarazula Marazula | 89 |
| Valentins Wiegenlied (Valentin) | 97 |
| Vogelwalzer (Mai Herz isch a Ggimpl a klaando) | 102 |
| Mai Liepschta (Dasse mai Liepschta pisch, Dat du min Leevsten büst) | 107 |

# Tanzwerkstatt — 112

| | |
|---|---|
| Prinzip „grafische Tanzdarstellung" – Einführung und Lesebeispiel | 112 |
| Gemeinschafts-Tanzen: Grundlagen und „Tanzbausteine" | 115 |
| „Einsammel-Schlange" und „Abhol-Polonaise" | 126 |
| Tabelle 2: Sozial- und Raumformen, Figuren, Grundschritte und Schrittkombinationen der Titlá-Tänze | 132 |
| Schlusswort | 134 |
| Reverenz | 134 |

*Diese Tanzsuite ist Elsbeth gewidmet – meiner Schwester,*
*die mir mit der geschenkten Titlá-Musik*
*viele schöne kreative Stunden*
*und in der Folge*
*vielen Tanzbegeisterten*
*neue Tänze bescherte!*

Regula Leupold
„Im Hirserli"
CH-3633 Amsoldingen
0041 (0)33 / 341 12 52
regula.leupold@bluewin.ch
www.regula-leupold.ch

*Herzlich willkommen zum „Tanzen mit Titlá"*

*Voilà Titlá! Jetzt geht's los!*

# Wie es dazu kam ...

*... dass der Blitz der wilden Foore jenseits der Alpen einschlug*

Die Begegnung mit der Titlá-Musik – und später mit den Titlá-Musikern – ist einem bemerkenswerten Zufall zu verdanken. Eines schönen Sommerabends auf einem Zeltplatz in Sardinien sang meine Schwester Elsbeth zu ihrer Ukulele das plattdeutsche Lied „Dat du min Leevsten büst" ... Eine Zeltnachbarin, angelockt vom Lied, kam gleich mit einer CD daher: mit demselben Lied – jedoch im Pustertaler Dialekt! Meiner Schwester war sofort klar: Musik und „Tanzfutter" für Regula! So kam es, dass mir schon am selben Abend, als ich die CD geschenkt bekommen hatte, ein erster Tanz – „Di Mesinke" – in die Beine fuhr ... bei Mondlicht draußen auf meiner Tanzwiese.

Weitere Tanzentwürfe folgten in den nächsten Tagen ... und Wochen, nachdem ich zwei weitere Titlá-CDs mit tanzbaren Stücken entdeckte. Meine Neuschöpfungen wurden in den kommenden Monaten mit verschiedenen Gruppen ausprobiert, verfeinert ... und wurden zu Lieblingstänzen in meinem Repertoire.

Und just in dem Moment, als ich mich hinsetzte, um der mir noch unbekannten Gruppe „Titlá" in einem Brief zu gestehen, dass ihre Musik drauf und dran war, eine Tanzgruppe nach der anderen zu „infizieren", rief Georg Holzmeister an, um die Inhalte für die nächste Tagung des Fidula-Verlags* zu planen. Da das Thema für das Tagungskonzert auch noch offen stand, hatte ich – „Di wilde Foore" lässt grüßen – einen Geistesblitz: Für Titlá aus Südtirol wäre es nur ein Katzensprung über den Brenner bis zum Tagungsort Matrei im nördlichen Tirol! Gesagt, getan: Wir trafen uns ein paar Tage später spontan und zu dritt – mit Georg Holzmeister und mit Peter Paul Hofmann – jenseits des Brenners: Und nicht nur das Tagungskonzert, auch eine neue Tanzsammlung im Fidula-Verlag, die Sie jetzt in Händen halten, wurde beschlossen.

Es war ein Erlebnis, an der Tagung die sympathischen Titlá-Musiker endlich „live" kennen zu lernen und gleich aus dem Stegreif den ersten gemeinsamen Tanzabend zu bestreiten! Es klappte: Musik und Bewegung fanden sich, als wären wir schon öfters zusammen aufgetreten. Inzwischen sind aus dem ursprünglichen Zufall einige gemeinsame Unternehmungen entstanden und weitere geplant: Wenn Sie die Titlá-Suite in der Hand halten, werden die grenzüberschreitenden Musiker bereits auch Schweizer Tanzböden erobert haben.

Auch im Namen meiner Schwester Elsbeth Müller-Leupold und der fünf Titlá-Musiker Herman Kühebacher, Toni Taschler, Eduardo Rolandelli, Peter Riffeser und Peter Paul Hofmann wünsche ich viel Vergnügen bei der tänzerischen Begegnung mit der rassigen Foore und der stilvollen Schiarazula Marazula, mit dem witzigen Gaistl und dem queren Alpen-5er, mit der grünen Cousine und der schönen Liepschta!

Liebe Tanzleute, auf zum Tanz!
„Challenge of Change" wartet gleich um die Ecke!

Mazeltov!

wünscht

Regula Leupold

---

* Die alljährlich im Sommer stattfindende „Fidula-Tagung" verbindet seit über 50 Jahren Tanzen, Singen und viele andere musikpädagogische Felder in schöner Umgebung und richtet sich an Lehrkräfte, Erzieherinnen, Gruppenleiter und Interessierte aller Art. Nähere Informationen finden Sie unter www.fidula-tagung.com.

# Übersicht und Kurzbeschreibung

| Musiktitel | CD-Track | Informationen zur Musik | Herkunft |
|---|---|---|---|
| Tyrish Polkas | 1/24 | instrumental, 2/4-Takt | traditionell |
| Schotter-Polka | 2 | instrumental, 4/4 | traditionell |
| Toblana Eck | 3 | instrumental, 2/4 | Musik: Peter Paul Hofmann |
| Bretonischer | 4 | instrumental, 4/4 + 6/8 | traditionell |
| Schützen-Square | 5 | instrumental, 5/8 | traditionell |
| Hiasl Bairischo | 6 | instrumental, 2/4 | Musik: Toni Taschler |
| Di Grine Kuzine | 7 | jiddisches Lied, 2/4 | traditionell |
| Di Mesinke | 8 | jiddisches Lied, 4/4 | Musik und Text: Mark M. Warshavsky |
| Scherele | 9/10 | instrumental, 4/4 | traditionell |
| Mazeltov | 11 | instrumental, 4/4 | traditionell |
| Tumbalalaika | 12 | jiddisches Lied, 3/4 | traditionell |
| Djinee tu kowa ziro | 13/14 | Lied 4/4, ursprünglich in Sinti, Pustertaler Dialekt | Musik und Text: Titi Winterstein (deutscher Sinti-Musiker, 1956-2008), Pustertaler Textfassung: Egon Kühebacher |
| 'S Innofeldmandl | 15 | Lied, 4/4 Pustertaler Dialekt | Musik: Toni Taschler Text: Egon Kühebacher |
| Di wilde Foore | 16 | Lied, 4/4 Pustertaler Dialekt | Musik: Toni Taschler Text: Egon Kühebacher |
| Schiarazula Marazula | 17 | instrumental, A-Teil: rhythm. frei, B-/C-Teil: 4/4 | A-Teil, Komponist: Bruno Toller B- und C-Teil, Komponist: Giorgio Mainerio (1578) |
| Valentin | 18 | Lied, 3/4 Pustertaler Dialekt | Musik und Text: Berni Brugger |
| Mai Herz isch a Ggimpl a klaando | 19/20 | Lied, 6/8 Pustertaler Dialekt | Musik: Toni Taschler Text: Wolfgang Sebastian Baur |
| Dasse mai Liepschta pisch | 21-23 | norddeutsches Lied, 3/4 Pustertaler Dialekt | Musik: traditionell Text (Neudichtung): Wolfgang Sebastian Baur |

# der Tänze und Musiken

| Tanztitel | Informationen zum Tanz (Choreographien: Regula Leupold, außer „Scherele") | Ziel-gruppen | Schwie-rigkeits-grad | Seite |
|---|---|---|---|---|
| Tyrish Polka | Auftakt mit großem Begrüßungstanz: Vier Reihen im großen Karree fordern einander zum Tanzen auf. | K J E S | * ** | 12 |
| Schotter-Polka | Mini-Maxi-Mixer: kleiner Begrüßungstanz mit großer Wirkung, frei im Raum, im Kreis oder in Reihen | K J E S | * | 18 |
| Toblana Eck | der Rassige mit dem Vier-Eck! – als Paartanz im Kreis oder als Quadrille mit Erweiterungspotential | K J E S | ** *** | 22 |
| Bretonischer | einfacher Kreistanz: die „Internationale" à la Bretonisch und mit Dudelsack | J E S | ** | 30 |
| Alpen-5er | Zwiefacher als 5er im Kreis – als Spaß am Variieren auch für rhythmisch versierte Balkan-Freaks | J E S | * ** | 33 |
| Challenge of Change | Linedance: *die* Herausforderung in Sachen Schritt- und Richtungswechsel … erst recht als Paar-Improvisation! | J E | **** ***** | 38 |
| Di Grine Kuzine | Die junge Cousine – noch grün hinter den Ohren – wird im Kreis-Mixer von Hand zu Hand weitergereicht. | K J E S | * | 44 |
| Di Mesinke | rassiger Kreistanz zum lustigen Hochzeitslied der jüngsten Tochter, der „Mesinke" | J E S | * ** | 49 |
| Scherele | Hochzeitstanz der Schneiderzunft: als Kreis-Paartanz oder als Quadrille, inspiriert nach überlieferter Form | J E S | * *** | 56 |
| Mazeltov | als einfache Einsammel-Schlange mit Temposteigerung und als lustiger Kreistanz mit Tempo-Wechsel | J E S | * ** | 64 |
| Tumbalalaika | eingängiger Kreistanz mit genussvollem Wiegen und schwungvollem Drehen | J E S | ** | 68 |
| Zigainaliabe | eine Melodie zum Schwelgen und ein Paartanz mit Stil und Rasse zum Genießen | J E S | ** *** | 72 |
| 'S Gaistl | ein einfacher, kraftvoller Kreistanz zur Geisterstunde … und zum Schmunzeln! | K J E S | * | 78 |
| Di wilde Foore | Hexen-Disco mit Witz, Power und Dynamik! – als Solo-/Paartanz, Linedance, Kreistanz oder Mixer | K J E S | * *** | 82 |
| Schiarazula Marazula | eine stilvolle Branle – ruhig und lebhaft – mit einem meditativen Improvisations-Teil als inspirierende Zugabe | K J E S | * ** | 89 |
| Valentins Wiegenlied | Feierabend-Tanz im Wiegeschritt: Kreistanz-Variationen ohne oder mit Partner | K J E S | * ** | 97 |
| Vogelwalzer | ein einfacher, beschwingter Kreistanz mit Partnerwechsel à la Familienwalzer | K J E S | ** | 102 |
| Mai Liepschta | Zum Ausklang: meditativer Kreistanz – zwei Füße genießen den Reiz des Dreiertakts. | J E S | * ** | 107 |

Abkürzungen: K – Kinder, J – Jugendliche, E – Erwachsene, S – Senioren (Grausetzungen: Tanz ist nur mit Anpassungen für diese Gruppe sinnvoll),
Schwierigkeitsgrad: * (sehr leicht), ** (leicht), *** (mittelschwer), **** (anspruchsvoll), ***** (sehr anspruchsvoll)

# Einführung

## Tanzen mit Titlá – „Alpen-Irish" bis Klezmer

### Die Musiker

**Herman Kühebacher**
Gesang, Whistles, irische Querflöte, Schwegel-Pfeife, Maultrommel, Dudelsäcke, Bodhràn (irische Rahmentrommel)
Musikant und Handweber mit eigenem Atelier

**Toni Taschler**
Gesang, Akkordeon, Tuba
Lehrer am Gymnasium, Organist und Schauspieler

**Eduardo Rolandelli**
Gesang, Gitarren
Musiker, Tischler und Instrumentenbauer

**Peter Riffeser**
Geige, Bratsche, Mandoline
Musiklehrer an der Musikschule

**Peter Paul Hofmann**
Kontrabass, Schlagzeug
Volks- und Jazzmusiker

> **Tipp** Viele weitere Informationen über „Titlá", Fotos, Tourdaten usw. finden Sie auf der Homepage der Gruppe:
> **www.titla.net.**

*Herman Kühebacher*
*Toni Taschler*
*Eduardo Rolandelli*
*Peter Riffeser*
*Peter Paul Hofmann*

„Titlá!" – was im Dialekt des Pustertales offenbar so viel heißt wie „tut nur!" – war die Antwort eines Wirtes auf die Frage der Musiker, ob sie in diesem Wirtshaus musizieren dürften. Die fünf passionierten Titlá-Musiker „tun" wohl sowieso, was sie nicht lassen können: ihre heimatlichen Täler nach interessanten alten wie neuen Texten und Melodien durchforsten, die europäische Volksmusik in alle Himmelsrichtungen nach verwandten und fremden Klängen aushorchen und in gekonnter Titlá-Manier interpretieren. Und jene Musik, die ihnen bisher noch nicht über den Weg tanzte, wird gleich selber nach eigenem Gusto komponiert – gewürzt mit Inspirationen aus Nah und Fern und der Spielpraxis und dem Humor ihrer Heimat.

Neben der puren Spielfreude von Titlá bekommt man auf und neben der Bühne auch die verborgenen Töne mit, die den Musikern wohl nicht minder wichtig sind als die gekonnte und humorvolle Präsentation ihrer ganzen Stilpalette: Das Engagement der Musiker nährt sich stark auch aus dem Interesse an den menschlichen Schicksalen und den geschichtlichen Zusammenhängen, die in ihren Liedern anklingen. Südtirols Täler und Alpenübergänge in allen Richtungen waren seit jeher Durchgangs-, Aus- und Einwanderungsgebiet und damit ein Teil von Europas Geschichte: So ist das neueste Album „paschtaschutta" eine mehrsprachige Hommage an die verschiedenen Sprachgruppen Südtirols: Deutsch, Italienisch und Ladinisch.

Musik aus einer kleinen Ecke Europas? Nicht nur – und ganz im Gegenteil: Für die vorliegende Tanzsammlung habe ich mich von den drei ersten Alben* inspirieren lassen, die sich musikalisch vom alpenländischen bis zum irischen, jiddischen und neu-kreierten Stück erstrecken. Titlá verstehen es – ohne ihre Wurzeln zu leugnen – ihre Musik so rüberzubringen, wie ich es mir auch fürs Tanzen wünsche: mit Spaß am Spiel und an der Vielfalt der Ausdrucksformen, die entstehen, wenn man über die eigene Bergkette „übere lueget"!

Liebe „Titlás"! Dass eure Musik Tanzpotential hat, wusstet ihr ja schon, fällt es euren Zuhörern doch meistens schwer sitzenzubleiben, wenn ihr aufspielt! Auch im Namen aller Tanzleute, die ihre Freude am Tanzen zu euren Stücken haben, danke ich euch herzlich, dass ihr uns zu eurer Musik tanzen lasst, dass ihr mein Tanzprojekt mit Interesse und Wohlwollen aufgenommen und euren „Segen" zu dieser Tanzsammlung gegeben habt. Ich freue mich auf weitere Tanzgelegenheiten mit Titlá!

# „Tradition Meets Invention" – Neue Volksmusik als Inspirationsquelle für neue Gemeinschaftstänze

So vielgestaltig, wie sich die teils überlieferten, teils neuinterpretierten und -komponierten Titlá-Stücke präsentieren, so unterschiedlich und sich ergänzend sind die neuen Tänze geworden: Es war ein spannendes Stück Entdeckungsarbeit, die „Bewegungsantwort", die in jeder Musik schon enthalten schien, herauszulocken. Entstanden ist eine Sammlung, die die Tradition des gemeinschaftlichen Tanzens fortführt und den Tanzleiter(inne)n neues Material sowohl für den „Tanzalltag" wie für Tanzfeste in die Hand gibt. Dabei spannt sich der Bogen vom einfachen Mitmach-Beispiel bis zur herausfordernden Choreographie, vom traditionellen Tanzelement bis zum freien Bewegungsexperiment – ganz im Sinne der ausgewählten Musikstücke.

Das Tanzerlebnis – Spaß und Freude an Musik, Bewegung und am Miteinander – steht im Mittelpunkt: Tanznovizen wie Tanzerfahrene, Erwachsene – Jugendliche bis Senioren – sind in erster Linie angesprochen. Das eine oder andere Tanzbeispiel lässt sich auch gut mit tanzerfahrenen Grundschulklassen und an generationenübergreifenden Anlässen umsetzen. So sind fast alle Tänze in zwei Versionen beschrieben: sowohl als einfache Mitmachform wie auch – darauf aufbauend – als mögliche Endfassung. Methodische Tipps und Variationsmöglichkeiten erleichtern die Anpassung der Tanzbeispiele an die eigene Unterrichtssituation.

Die Abfolge der Tanzformen in diesem Buch bietet sich zudem als Rahmenprogramm für festliche Tanzanlässe an. Denn auch ein scheinbar spontan „angezetteltes" Tanzfest will dramaturgisch geplant sein, damit sich die heterogene Gästeschar gleich von Anfang an mit „Tanzvertrauen" auf eine abwechslungsreiche Tanzreise einlässt. Die Tanzsuite umfasst geeignete Beispiele für die verschiedenen „Stationen"/Stadien eines Tanzfestes und lädt zu vielseitigen Tanzerfahrungen ein: Sie startet mit einladendem Eröffnungstanz, initiiert im vergnüglichen Durcheinander und in verschiedenen freien Raumformen viele Möglichkeiten für Begegnung, Begrüßung und Partnerwechsel und lädt dazu ein, stilistisch und tempomäßig ganz unterschiedliche Musik in der Bewegung zu erleben, mal mit einem instrumentalen Powerstück, mal mit einer Interpretation eines Liedtextes oder rhythmisch interessanten Schrittfolge, mal mit einem schönen Raum-Muster oder einer individuellen, expressiven Umsetzung und mal mit einem gemeinsamen meditativen Ausklang.

* „Zin ungwiwejn" (d. h. „zum angewöhnen", 1998), „stur und tamisch" (d. h. „stur und beharrlich", 2001), „Laasn" (d. h. „Spurrillen", 2008)

Diese Tanzsammlung möchte Tanzunterrichtenden Mut machen, das spannende Abenteuer des Tänze-Kreierens zu wagen und sich von einer ansprechenden Musik, einem Thema, einer Situation zu Neuschöpfungen inspirieren zu lassen. In diesem Sinne sind die hier vorgestellten Tänze und Tanzelemente in ihrer Vielfalt auch als Ausgangsmaterial und als Anregung fürs Experimentieren in der eigenen „Tanzküche" gemeint: Ein erster Anfang könnte sein, bei den hier vorgeschlagenen Bewegungsfolgen Varianten für die eigene Gruppe auszuprobieren, sich dann von einer der hier im übersichtlichen Schema vorgestellten Musik zu einer eigenen Gestaltung „verleiten" zu lassen, um schließlich eine selbstgewählte Musik von Grund auf zu analysieren und zu gestalten.

Was uns die neue Volksmusik schon lange vormacht, sehe ich auch als Weiterentwicklung für eine lebendige Laientanzszene: Tradition und Innovation schließen sich nicht aus – im Gegenteil: Überliefertes wird neu entdeckt, bietet Struktur für die Integration von Neuem. Bewährte Bewegungs- und Raum-Muster, die sich im traditionellen Volkstanz über Generationen aus dem alltäglichen „Miteinander" entwickelt hatten, haben weiterhin Gültigkeit und können uns als Rüstzeug für das Erhalten und Weiterentwickeln des Gemeinschaftstanzes in Schule und Freizeit dienen. Sie sind sozusagen die Rahmenbedingungen und Spielregeln, die ein „tänzerisches Miteinander" – ein gemeinsames „Tanzen im Chor" – überhaupt möglich machen. Ausgehend von diesen Basisstrukturen ist es ein spannendes Unterfangen, sowohl überlieferte Tanzformen mit neuen Augen zu betrachten, verschiedene Tanzkulturen, „alte" und „neue" Tanzgattungen, miteinander zu vergleichen wie auch neue Musik- und Bewegungsstilarten und Improvisation in die Tanzarbeit mit Laien mit einzubeziehen.

# „Tanzend tanzen lernen und lehren" – Gedanken und Tipps zur Tanzvermittlung

### Neue Tänze – viele Möglichkeiten

Für die vorliegenden Choreographien kamen mit Absicht jene Bewegungskombinationen zum Zug, die wandelbar sind und vereinfacht bzw. erweitert der eigenen Unterrichtssituation angepasst werden können. Da es sich nicht um traditionell gewachsene Tänze handelt, sind Sie frei in der Umsetzung. Ob Sie den Vorgaben des Originals folgen oder das Tanzmaterial neu interpretieren, Stil und Ausführung im Einzelnen festlegen oder offen lassen, hängt von Ihren eigenen und den Tanz-Vorlieben Ihrer Gruppe(n) ab. Das Wesentliche: Sie und Ihre Tanzleute haben Spaß an der Musik, an der Bewegung und am Miteinander!

### Tanzen lernen oder Tänze lernen?

Tanzvermittlung heißt für mich in erster Linie Kulturvermittlung. Auch wenn vordergründig das Ziel darin besteht, einen bestimmten Tanz zu erarbeiten, geht es im Prinzip darum, grundlegende Tanzerfahrungen zu ermöglichen. Betrachtet man das tänzerische Miteinander als eine kreative Übersetzung des „alltäglichen Miteinanders" in die universelle „Tanzsprache", erhält die Einführung eines Tanzes viele interessante Anknüpfungspunkte. Der rein bewegungstechnische Aspekt, der im Laientanz noch gerne zu sehr im Vordergrund steht, verstellt oft den Blick auf die vielfältigen Erfahrungsmöglichkeiten im Tanz.

### „Tanz-Atmosphäre" und „Tanzvertrauen"

Und da das Tanzen nun mal eine emotionale Angelegenheit ist, gilt es – bei Kindern wie bei Erwachsenen – zuerst einmal „Tanzvertrauen" zu gewinnen und einen Bezug zwischen dem „Tanzthema" und dem eigenen Erleben und Erfahren herzustellen. Vor allem das Verknüpfen und „Würzen" des Bewegungslernens mit Alltagsthemen, mit Informationen zum Kontext von Musik und Tanz, mit Eselsbrücken und bildhaften Assoziationen zur Unterstützung der Bewegungsvorstellung, sind „Türöffner" zu einer entspannten Lernatmosphäre, in der Bewegungserlebnis vor Perfektion geht. Ist diese Brücke einmal geschlagen, wird das Tanzen-Lernen in einem größeren Zusammenhang und das Beherrschen einer Bewegungsfolge als Steigerung des Tanzerlebnisses erfahren.

## Tanzen – eine komplexe Angelegenheit!

Kaum eine menschliche Tätigkeit ist so vielschichtig wie das Tanzen: Auch in der einfachsten Tanzform ist unsere Aufmerksamkeit gleich mehrfach gefordert, gilt es doch die Bewegung sowohl in Bezug zur Musik, zum Raum und zum Partner zu koordinieren, auf Dynamik und Stil zu reagieren und dem Kontakt zu den Tanzpartnern Raum zu geben. Die Reaktion „Ich kann nicht tanzen" – „Tanzen ist zu schwierig" ist sicher oft auf die Erfahrung zurückzuführen, dass man sich vom gleichzeitigen Reagieren auf allen Ebenen überfordert fühlte. Deshalb:

- **Akzente setzen:** Entspanntes Lernen ist dann möglich, wenn wir uns nicht auf zu viele Ebenen gleichzeitig einstellen müssen und stattdessen auswählen, welche Erfahrungsebenen wir bei der Einführung eines Tanzes in den Vordergrund und welche wir zugunsten eines unbeschwerten Tanzens vorerst in den Hintergrund stellen. Oft gibt uns schon der Charakter eines Tanzes Anknüpfungspunkte für eine Einstiegsform:

- **Zum Beispiel „Vom Einzelnen zum Ganzen":** So kann eine Quadrille – Inbegriff einer dekorativen Raumform mit vielen Partnerbegegnungen – dazu anregen, ein kleines Kontaktmotiv herauszugreifen, um daraus einen einfachen Frei-im-Raum-Mixer und später einen Kreismixer mit weiteren Figuren zu kreieren. Zum Schluss können bereits bekannte Elemente zu einem Ganzen in der Quadrillen-Aufstellung zusammengefügt werden.

- **Zum Beispiel „Vom Ganzen zum Einzelnen":** Von einem Kreistanz lassen wir vorerst die spezifischen Schrittmuster weg und machen uns ein Bild von der Gesamtform, indem wir mit elementaren Grundschritten schon mal die Raumwege/Richtungswechsel in Beziehung zu den Musikabschnitten „abtanzen".

## Die Rolle der Musik

Die Musik ist der unentbehrliche Partner für Lehrende und Lernende. Sie sollte so früh wie möglich zum Einsatz kommen – und sei es auch nur für eine erste „Schnupperrunde", denn sie schafft Stimmung, lädt zum spontanen Bewegen ein, strukturiert den Bewegungsablauf besser als jede Erklärung und fordert Bewegungsdynamik und -ausdruck heraus. Die Einführung eines Tanzes nach dem Prinzip „Learning by doing" ist erfahrungsgemäß nicht zeitaufwendiger als ein zunächst rein theoretischer Zugang. Sie ist zudem lustvoller und vermittelt bereits in der Anfangsphase das beflügelnde Gefühl „ich tanze!", auch wenn die Bewegung sich noch wenig von einer Alltagsbewegung abhebt. Mit Übung und zunehmender Sicherheit gewinnt die Bewegung an Fluss und tänzerischem Ausdruck.

## Lerntypen

In den Gruppen haben wir es immer mit verschiedenen Lerntypen zu tun: Den einen liegt das visuelle Bewegungsvorbild, den anderen die mündliche Anweisung oder ein treffender lautmalerischer Sprechrhythmus als Bewegungsimpuls am nächsten, für die meisten ist das Lernen über beide „Kanäle" die optimale Vorgehensweise. Diese Tatsache wird auch in der hier gewählten Tanzdarstellung berücksichtigt, indem die grafische Darstellung in der Regel mit einem Sprechrhythmus unterlegt ist.

## Bewegungstypen

Meistens hat jede(r) von uns tänzerische Vorlieben und Stärken: Je nachdem liegen einem z. B. die kleinräumigen, die Koordination herausfordernden Schritt- oder Rhythmusmotive oder eher die expressive Ganzkörperbewegung, ist man besonders fit in der Raumorientierung und im Antizipieren und Erinnern von Figurenfolgen, liebt man klare, festgelegte Bewegungsabläufe oder offene Formen mit Freiraum für Eigeninterpretation. Die vorliegende Sammlung trägt mit unterschiedlichen Tanzbeispielen den verschiedenen Bewegungstypen und Tanz-Vorlieben Rechnung.

Im Weiteren sei auf das Buch „Tanzhaus" verwiesen (siehe dritte Umschlagseite), das als Grundlagen-Lehrmittel ausführlich auf die Fragen der Tanzvermittlung eingeht.

 TYRISH POLKA

Im Anhang („Tanzwerkstatt" ab S. 112) finden Sie
- Erläuterungen zu den verwendeten Symbolen und eine Einführung zum Lesen der grafischen Tanzdarstellung
- grundlegende Gedanken zu den Gestaltungsparametern im Gemeinschaftstanzen
- eine Übersichtstabelle und eine Auflistung der in den Titlá-Tänzen vorkommenden Raum- und Sozialformen, Figuren, Grundschritte und Schrittkombinationen.
- eine Beschreibungen zu „Einsammel-Schlange", „Umkehr-Tor" und „Abhol-Polonaise", zwei einfache und wirkungsvolle Spielformen, die sich zu verschiedenen Titlá-Stücken realisieren lassen.

# Die Tänze

## Tyrish Polka — Musik

**Musiktitel:** Tyrish Polkas

Drei traditionelle Stücke wurden von Titlá bearbeitet und zu der Suite „**Tyrish Polkas**" zusammengefügt: „Dennis Murphy's Polka" (Irland) und „John Ryans's Polka" (Irland), kombiniert mit der in ganz Tirol verbreiteten „Bayrisch Polka" („Bäurische Polka"), lassen die Atmosphäre und die Spieltradition der „Irish Pubs" aufleben. Der Name „Tyrish" (sprich: „Tairisch") ist eine Neuschöpfung und sozusagen eine Klangcollage aus „tirolerisch", „bayrisch" (im Sinne von „bäurisch", also „bauernmäßig") und „irish".

### Tyrish Polkas

traditionell
Arrangement: Titlá

Das Stück „Tyrish Polka" hat nur ein kurzes Vorspiel à 2 Takte bzw. 4 Zählzeiten: Damit die Tanzleitung genug Zeit hat, sich in die Gruppe der Tanzenden zu stellen, finden Sie dieses Stück nochmal am Schluss der CD als Bonustrack (Track 24) mit zuvor eingefügten 15 Sekunden Stille (entspricht ca. 16 Schritten).

### Musikschema

| 2x Dennis Murphy's Polka Irland, 2/4-Takt | | | | Bayrisch Polka Tirol, 2/4-Takt | | | | | | 2x John Ryan's Polka Irland, 2/4-Takt | | | |
|---|---|---|---|---|---|---|---|---|---|---|---|---|---|
| AA 8+8 T. | BB 8+8 T. | AA 8+8 T. | BB 8+8 T. | A 16 T. | A 16 T. | BB 8+8 T. | A 16 T. | CC 8+8 T. | A 16 T. | CC 8+8 T. | A 16 T. | AA 8+8 T. | BB 8+8 T. | AA 8+8 T. | BB 8+8 T. |
| 32 Takte | 32 Takte | | | 32 Takte | 32 Takte | | | 32 Takte | 32 Takte | | | 32 Takte | 32 Takte | | |
| Tanz 1. Mal | | | | | | | | Tanz 2. Mal | | | | | | | |
| 1. Durchgang 8x8 Schritte | 2. Durchgang 8x8 Schritte | 3. Durchgang 8x8 Schritte | 4. Durchgang 8x8 Schritte | 5. Durchgang 8x8 Schritte | 6. Durchgang 8x8 Schritte | 7. Durchgang 8x8 Schritte | 8. Durchgang 8x8 Schritte |

Regula Leupold — Tanzen mit Titlá — © FIDULA

Vorspiel: 2 Takte

**Dennis Murphy's Polka**    2x AABB  (1. und 2. Tanz-Durchgang)

**Bayrisch Polka**    AA, BBA, CCA, CCA  (3. bis 6. Tanz-Durchgang)

**John Ryan's Polka**    2x AA BB  (7. und 8. Tanz-Durchgang)

# Tyrish Polka — Begrüßungstanz

Diese fröhliche „internationale Polka-Suite" ist Tanzaufforderung pur und bietet sich als schwungvoller Auftakt an: sei es als einfache, wirkungsvolle **„Einsammel-Schlange"**, als bewährte **„Abhol-Polonaise"** (siehe Anhang\*) oder als **Begrüßungstanz** im großen Karree:

\* Für die ausführliche Beschreibung der Großgruppen-Tänze „Einsammel-Schlange" und „Abhol-Polonaise" wird auf das Buch „Tanzhaus" (siehe dritte Umschlagseite) verwiesen. Siehe auch Erläuterung in der „Tanzwerkstatt" ab S. 126.

 TYRISH POLKA

# Großer Begrüßungstanz der 4 Jahreszeiten bzw. 4 Himmelsrichtungen

Choreographie: Regula Leupold

Die Tanzform ist u. a. vom russischen Tanz „Oi Kumushki" (vermittelt von Hennie Konings) inspiriert.
Ausgangsposition: vier beliebig lange Reihen im großen Karree, Tänzer eingehakt.

Ein Eröffnungstanz – oder Schlusstanz –, der sich in der einfachsten Variante und nur mit Gehschritten besonders gut für Tanzeinsteiger, Tanzfeste, für große und auch generationengemischte Gruppen eignet und die Tradition des bewährten „Wallwalk" (vgl. „Tanzhaus", siehe dritte Umschlagseite) weiterführt. Ganz im Sinne der Musik, die von Südtirol über Bayern bis nach Irland und zurück führt, ist eine stimmige „grenzüberschreitende" Raumform entstanden, die inzwischen bereits bei verschiedensten Anlässen für gute Stimmung sorgte.

## Die Tanzidee in Kürze: Mitmachform

*Schon die erste, etwas ungewohnte Aufforderung an die Tanzgäste, sich auf die Startplätze zu begeben, lässt die anfängliche Tanzscheu schwinden. Dabei werden vier Gruppen gebildet, z. B. eine Gruppe, die aus allen besteht, die im Frühling geboren sind, eine weitere Gruppe derer, die im Sommer geboren sind, usw. Je größer die Anzahl der Tanzgäste, desto eher bilden sich auch ungefähr gleich große Gruppen. Ob sich die Tanzenden nun ihrem Geburtstag bzw. ihrem Wohnort entsprechend in eine der Jahreszeiten-Reihen bzw. Himmelsrichtungen einordnen: Mit den ersten Begegnungen quer durch den Raum, auf der Suche nach der zugehörigen Gruppe, wird das Eis bereits gebrochen. Sind die Eingeladenen doch noch etwas befangen, folgt eine weitere Aufgabe: Sich in den Reihen nach Geburtsdatum einzuordnen, sorgt gleich für ersten Gesprächsstoff!*

*Nach einem kurzen Probelauf kann das Tanzvergnügen beginnen: Es begrüßen sich die jeweils gegenüberliegenden Reihen, tanzen zu- und auseinander und wechseln den Platz und damit die „Himmelsrichtung". Es tanzt jeweils „Frühling" mit „Herbst", anschließend „Sommer" mit „Winter" bzw. „Ost" mit „West" und „Nord" mit „Süd". Besonders beim Platzwechsel ist „Teamwork" gefragt! „Bauch an Bauch" drehen sich die beiden Reihen $^1/_2$ C, ohne auseinanderzudriften: Die Tänzer in der Reihenmitte tanzen am Platz, jene an den Enden vor- bzw. rückwärts. Der Vergleich mit einem „Sandwich" – „Boden" und „Deckel" halten den „Inhalt" zusammen – ist naheliegend!*

*Und so wie es das dänische Sprichwort voraussieht – „Øst og vest, hjemme best" (Ob Osten oder Westen, daheim ist's am besten) –, kehren für die Schlussreverenz alle wieder heim an ihren Startplatz.*

### Musik- und Tanzschema

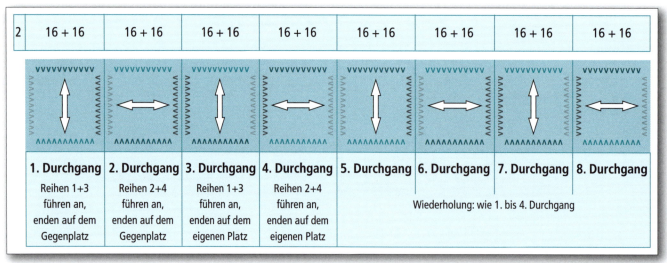

TYRISH POLKA

## Die Tanzidee in Kürze: „Kanon-Tanzen"

*In einer größeren Gruppe kann die Begrüßung (Takte 1-16) in der rassigen Kanon-Variante getanzt werden: Gleichzeitig mit den zwei Reihen, die zur Begrüßung zueinander tanzen (8 Schritte), bewegen sich die zwei anderen Reihen (anstatt 16 Zählzeiten zu warten) „zum Anlaufnehmen" rückwärts auseinander (8 Schritte), anschließend gleich (mit 8 ausgreifenden Schritten!) zueinander zur Begrüßung, während die ersten Reihen gleichzeitig auseinandertanzend die Mitte wieder „freigeben" (8 Schritte). Weil mit der wegfallenden „Wartezeit" Musik „eingespart" wurde, kann diese Variante mit derselben Abfolge gleich nochmals getanzt werden!*

*Und so macht's doppelt Spaß: Wenn die Tänzer(innen) an den Reihen-Enden die Hände fassen, können sie als „Scharniere" mit Zug und Schwung mit der einen Hand die eine Reihe zur Mitte ziehen, mit der andern Hand die andere Reihe zurückholen. Somit formt sich der Kreis zu einer Ellipse – mal längs, mal quer im Raum: eine (auch traditionelle) Spielform, die sich mal beim Tyrish-Polka-Tanzen mit einer Jugendgruppe spontan ergeben hat.*

*Los geht's mit Irish!*

### Methodische Tipps und Varianten

- **Tyrish Polka 1: Alternative zum „Sandwich"** (d. h. die halbe Drehung der Reihen) für kleine Gruppen oder evtl. jüngere Kinder und Senioren: Die zwei Reihen fassen zum Kreis (evtl. je ein Tänzer am Ende mit Tuch in der Hand als erkenntliche „Nahtstelle"), alle tanzen vorwärts im Uhrzeigersinn. Bei einer großen Seniorengruppe empfiehlt es sich, die lange Reihe für den Moment des Platzwechsels in zwei, drei … kürzere Reihen/Kreise aufzuteilen oder den Platztausch mit dem Vis-à-vis-Partner zu tanzen (rechte Hand oder beide Hände).
- **Tyrish Polka 1: Anlaufnehmen" weglassen:** Bei einer sehr großen Gruppe oder Senioren-Gruppe kann man z. B. das „Anlaufnehmen" weglassen, tanzt direkt mit 8 Schritten zur Mitte und hat somit zweimal 8 Schritte für den Platzwechsel zur Verfügung.
- **Tyrish Polka 1 + 2: Pas-de-Basque:** am Ende eines 4-taktigen Abschnitts einen Wechselschritt am Platz „à la Irish" tanzen (siehe auch Erläuterung in der „Tanzwerkstatt", S. 124)

# TYRISH POLKA 1

**Begrüßungstanz** — **Mitmachform** — KJES *

Aufstellung: vier beliebig lange Reihen im großen Karree, Tänzer eingehakt

## 1. Durchgang: Reihen 1 und 3 führen an

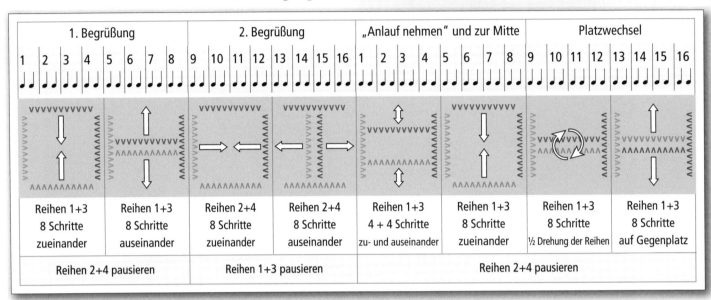

## 2. Durchgang: Reihen 2 und 4 führen an

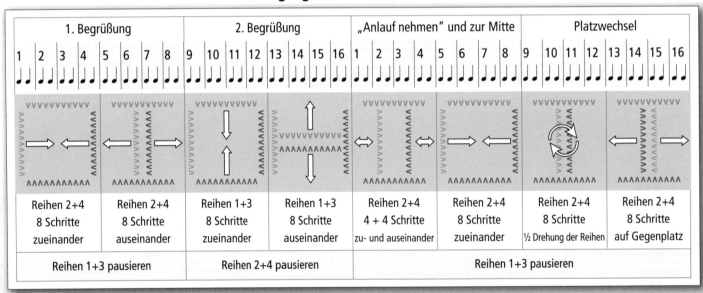

### 3. Durchgang: Reihen 1 und 3 führen an

(entsprechend 1. Durchgang: jedoch Start vom Gegenplatz aus, enden auf dem eigenen Platz)

### 4. Durchgang: Reihen 2 und 4 führen an

(entsprechend 2. Durchgang: jedoch Start vom Gegenplatz aus, enden auf dem eigenen Platz)

### 5.-8. Durchgang: Wiederholung wie 1.-4. Durchgang

Regula Leupold — Tanzen mit Titlá — © FIDULA

**Begrüßungstanz** — # TYRISH POLKA 2 — **Variante mit „Kanon-Tanzen"**

KJES **

### 1. Durchgang: Reihen 1 und 3 führen an

| 1. + 2. Begrüßung im Kanon | | 3. + 4. Begrüßung im Kanon | | „Anlauf nehmen" und zur Mitte | | Platzwechsel | |
|---|---|---|---|---|---|---|---|
| 1 2 3 4 | 5 6 7 8 | 9 10 11 12 | 13 14 15 16 | 1 2 3 4 | 5 6 7 8 | 9 10 11 12 | 13 14 15 16 |
| Reihen 1+3 8 Schritte zueinander | Reihen 1+3 8 Schritte auseinander | wie Takte 1-4 | wie Takte 5-8 | Reihen 1+3: wie in Mitmachform | | | |
| | | | | *gleichzeitig* | | | |
| Reihen 2+4 8 Schritte auseinander | Reihen 2+4 8 Schritte zueinander | wie Takte 1-4 | wie Takte 5-8 | Reihen 2+4 pausieren | | | |

### 2. Durchgang: Reihen 2 und 4 führen an

| 1. + 2. Begrüßung im Kanon | | 3. + 4. Begrüßung im Kanon | | „Anlauf nehmen" und zur Mitte | | Platzwechsel | |
|---|---|---|---|---|---|---|---|
| 1 2 3 4 | 5 6 7 8 | 9 10 11 12 | 13 14 15 16 | 1 2 3 4 | 5 6 7 8 | 9 10 11 12 | 13 14 15 16 |
| Reihen 2+4 8 Schritte zueinander | Reihen 2+4 8 Schritte auseinander | wie Takte 1-4 | wie Takte 5-8 | Reihen 2+4: wie in Mitmachform | | | |
| | | | | *gleichzeitig* | | | |
| Reihen 1+3 8 Schritte auseinander | Reihen 1+3 8 Schritte zueinander | wie Takte 1-4 | wie Takte 5-8 | Reihen 1+3 pausieren | | | |

### 3. Durchgang: Reihen 1 und 3 führen an
(entsprechend 1. Durchgang: jedoch Start vom Gegenplatz aus, enden auf dem eigenen Platz)

### 4. Durchgang: Reihen 2 und 4 führen an
(entsprechend 2. Durchgang: jedoch Start vom Gegenplatz aus, enden auf dem eigenen Platz)

### 5.-8. Durchgang: Wiederholung wie 1.-4. Durchgang

© FIDULA •••••• Tanzen mit Titia •••••• Regula Leupold

# SCHOTTER-POLKA Musik

Das fröhliche traditionelle Geigenstück – bearbeitet von Titlá – wird einer Familie Schotter aus dem Zillertal, Tirol, zugeschrieben. Kurzphasig und repetitiv: Eine geeignete Musik für einfache kleine Mixer-Tänze. „Einfach" heißt hier aber nicht „simpel", will doch gerade als „Stimmungsmacher" die Musik gut ausgewählt sein. Die „Schotter-Polka" ist mit Witz eingespielt und hat den nötigen „Drive", um auch die letzten „Tanz-Bedenken" vergessen zu machen!

## schotter-polka

traditionell
Arrangement: Titlá

### Musikschema

| Musik | Vorspiel (Rhythmus) | A | A | B | B | Break (Rhythmus) | A | A | B | B | Schluss (Rhy.) | Pfiff |
|---|---|---|---|---|---|---|---|---|---|---|---|---|
| Takt: 4/4 | 4　4 | 4　4 | 4　4 | 4　4 | 4　4 | 4　4 | 4　4 | 4　4 | 4　4 | 4　4 | 4 | |

# SCHOTTER-POLKA

**einfacher Mixer** — **Mitmachtanz**

Choreographie: Regula Leupold

Ein „Mini-Maxi-Mixer" par excellence – was in der hauseigenen Tanzanimatoren-Terminologie so viel heißen will wie „maximale Wirkung bei minimalem Aufwand"! Damit sind jene Tanzbeispiele gemeint, die – wie die „Schotter-Polka" – dank ihrer Kürze und Einfachheit auch eine große heterogene Gruppe möglichst ohne „Trockenübung" aufmischen und in kurzer Zeit spontane Kontaktmomente ermöglichen.

Sowohl beim Frei-im-Raum-Mixer wie beim Reihen-Mixer treffen sich jeweils Zufalls-Partner: Dies können auch zwei Tänzerinnen bzw. zwei Tänzer sein.

## Die Tanzideen in Kürze

### Klatsch-Gruß und „Schotter-Polka" querbeet
Begrüßung einmal anders: Auf Reaktion und Treffsicherheit kommt's an, drum zuerst im halben Tempo und im Kreis: „Patsch" auf Knie – „Klatsch" in die eigenen Hände – „Klatsch" in Nachbar-Hände. Zur Musik im Originaltempo und mit 12 Schritten Anlauf schon ein Kreistanz!
Dann Hände los und auf Risiko: Solo querbeet auf Zufalls-Partner zu, Gruß nicht verpassen, und weiter geht's zum Nächsten … Wer auf Nummer Sicher gehen will: nicht zu wählerisch sein!
Tipp: Partner „reservieren", d. h. sobald sich zwei Blicke treffen, einander „wie zwei Katzen" umtanzen oder mit einer oder zwei Händen gefasst rundum tanzen bis zum „Gruß-Moment". Und per Zufall auch mal Gruß zu dritt, zu viert … und sich vom Break nicht aus dem Tanzkonzept bringen lassen!

### „Schotter-Polka" als Kreismixer – z. B. mit Polkaschritt
So wird's übersichtlich und schon etwas anspruchsvoller: mit Partner auf der Kreislinie vis-à-vis Polka seitwärts aus- und zueinander tanzen, „tschüss" und mit nur 4 Schritten beim nächsten Partner zum Klatsch-Gruß ankommen. Klappt es noch nicht mit Polka aus-/zueinander: beide Hände fassen, beide tanzen Polka in dieselbe Richtung, d. h. spiegelbildlich, nach außen (oder nach innen beginnend).

### „Schotter-Polka" als Reihentanz
Wie im Kreis, nur ein bisschen anders: Kommt man am Ende der Reihe aus, kehrt man um, hat ein kurzes Tanzmuster lang „Ferien" und tanzt in der Gegenrichtung zurück. Trick für raffinierte Leute und bei mehreren Reihen nebeneinander: Am Ende angekommen – Blickkontakt – und schon haben zwei die Reihen getauscht!

### „Sonne" oder „Großer Stern"
Für das nächste Sonnenwend-Fest werden ganz viele Reihen strahlenförmig aufgestellt. Ein Glück, wenn es tanzerfahrene Leute drunter hat, die den Funken von der Mitte her zünden und die Wartenden auf den Strahlen – eins nach dem andern – in den Tanz einfädeln! Am Schluss werden alle Gesichter um die Wette strahlen!

Aufstellung: frei im Raum, im Kreis oder beliebig in langer/n Reihe/n: in parallelen Reihen oder als „Sonnen-/Sternen-Bild"

© FIDULA ········ Tanzen mit Titlá ········ Regula Leupold

# SCHOTTER-POLKA

## Mögliche Raumformen für Schotter-Polka

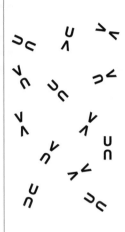

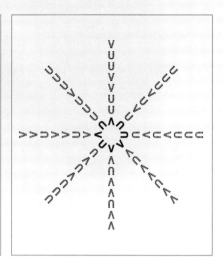

| Frei-im-Raum-Mixer – Solo frei im Raum, Begegnung mit „Zufalls-Partner": Alle beginnen gleichzeitig oder ein(e) Tänzer(in) eröffnet den Tanz. | Paare im Kreis, Partner einander gegenüber: Alle beginnen gleichzeitig. | Reihe/Kolonne: Alle beginnen gleichzeitig. | 1 bis mehrere Kolonnen: max. 2x8 Tänzer(innen), in 2 gegenüberstehenden Kolonnen: Die Vordersten eröffnen mit ihrem Gegenüber in der Mitte den Tanz. | Aufstellung „Sonne/Stern" à beliebig viele „Strahlen" à je bis ca. 8 Tänzer(innen): Die Tänzer(innen) im Innenkreis eröffnen den Tanz mit ihrem Gegenüber. |

## Musik- und Tanzschema

| Musik<br>Takt: 4/4 | Vorspiel<br>(Rhythmus) | | A | | A | | B | | B | | Break<br>(Rhythmus) | | A | | A | | B | | B | | Schluss<br>(Rhy) |
|---|---|---|---|---|---|---|---|---|---|---|---|---|---|---|---|---|---|---|---|---|---|
| | 4 | 4 | 4 | 4 | 4 | 4 | 4 | 4 | 4 | 4 | 4 | 4 | 4 | 4 | 4 | 4 | 4 | 4 | 4 | 4 | 4 Pfiff! |
| **Tanz** | 1.Mal | 2.x | 3.x | 4.x | 5.x | 6.x | 7.x | 8.x | 9.x | 10.x | 11.x | 12.x | 13.x | 14.x | 15.x | 16.x | 17.x | 18.x | 19.x | und... | |

### Variante 1: Frei-im-Raum-Mixer

Takt 1-3: Solo-Promenade 12 Schritte frei im Raum, enden vor Zufalls-Partner oder „unterwegs" bereits Partner wählen („reservieren") durch „Umtanzen" oder Paarkreis

Takt 4: Klatschfigur zu zweit (siehe „Die Tanzideen in Kürze" und folgende Tabelle)

### Variante 2: Frei-im-Raum-*Paar*-Mixer

Folgendes Begegnungs-Spiel nach dem „Flohmarkt-Prinzip" lässt sich auch auf beliebige Musik übertragen und passend auf die Struktur der jeweiligen Musik gestalten: „Ich schenke meine(n) Tanzpartner(in), kriege dafür das Vis-à-vis als neue(n) Partner(in) geschenkt!" (siehe auch „Di Grine Kuzine", Seite 44).

Takt 1-3: Paar-Promenade 12 Schritte frei im Raum, enden vor Zufalls-Paar oder „unterwegs" bereits Paar wählen („reservieren") und Vierer-Kreis tanzen

Takt 4: Klatschfigur zu viert oder mit dem neuen Vis-à-vis-Partner, dann dem ehemaligen Partner Rücken zuwenden, von vorne mit dem neuen Partner

## Variante 3: Kreis-Mixer mit Polka-Schritt

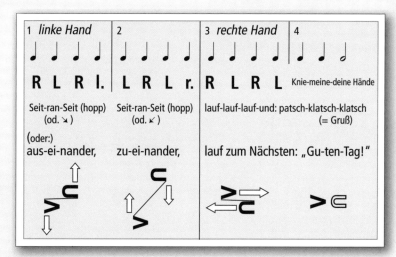

**Polkaschritt seitwärts:** „Seit-ran-Seit" oder „Seit-hinten-Seit", evtl. mit anschließendem „Hopp" und/oder Spielbein-Schwung vor dem Standbein

**Handfassung** links als „Zugleine" beim Polkaschritt aus-/zueinander, Handfassung rechts zum Verabschieden

### Alternativen zu Takt 1-2
- Polka mit Solo-Drehung für Könner: Polkaschritt auseinander wie Grundform, 3 Schritte vorwärts zueinander mit ganzer Solodrehung ↻: für den Drehimpuls mit den gefassten linken Händen ziehen (ganze Drehung also mit 3 Schritten zum Partner hin, dabei linke Hand loslassen)
- Dos-à-Dos anstelle von Polkaschritt: ohne Frontveränderung einander „Rücken an Rücken" umtanzen, d. h. rechts-schultrig 4 Vorwärts-, links-schultrig 4 Rückwärtsschritte.

## Variante 4: Reihen-Mixer
Aufstellung in Reihe(n)/Kolonne(n), siehe oben, Figurenabfolge und Alternativen wie bei Kreis-Mixer

### Reihen-Mixer mit verschiedenen Startmöglichkeiten (siehe Aufstellung oben, siehe auch „Wishman" im Buch „Tanzhaus", S. 67)
- Die Partner stellen sich einander gegenüber auf, und alle beginnen gleichzeitig.
- Oder ein Paar eröffnet den Tanz am Ende oder in der Mitte der Reihe. Die übrigen Tänzer warten mit Blick zum „Start-Paar", bis sie in den Tanz „eingefädelt" werden: Damit die Wartezeit nicht zu lange wird, sollten beim gestaffelten Starten die Reihen maximal 8 Tänzer umfassen (vgl. auch Skizze auf S. 20).
- Oder die Tanzaufstellung erfolgt nahtlos aus einer Polonaise heraus: d. h. nach dem Auswenden einzeln oder paarweise (bei Großgruppen zu viert bzw. zu acht) steuern die Vordersten von zwei Seiten her aufeinander zu und eröffnen (bei der Mittellinie angekommen) mit dem Vis-à-vis als „Start-Paar" den Tanz. Zum Beispiel bei einer Hundertschaft lässt man Achter-Reihen aufeinandertreffen.*

---

* Detaillierte Beschreibungen für den Übergang aus der Polonaise zum Reihen-Mixer finden Sie z. B. im Buch „Tanzhaus", Seite 71 („Wishman").

# TOBLANA ECK  *Musik*

Eine Musik mit Zug drauf! Im traditionellen Stil neu komponiert von Peter Paul Hofmann.
Name und Charakter der Musik inspirierten zu einem Tanz mit „Viereck".

## TOBLANA ECK

Musik: Peter Paul Hofmann

### Musikschema

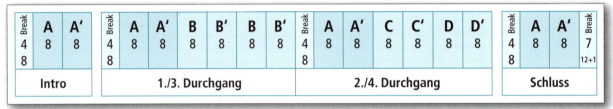

# TOBLANA ECK
**eine Musik – drei Tänze**

KJES ** ***

Choreographie: Regula Leupold

## Die Tanzidee in Kürze

### Kreismixer
*Zügig geht's im Eröffnungskreis hin und zurück, um mit dem witzig eingeschobenen Break Anlauf zu holen für das „Kernstück" des Toblana Ecks: ein „Viereck" alias „Schuhschachtel". Stolz geht's dann – als hätte man neue Schuhe zu präsentieren – mit Partner(in) an der Hand „Gasse hoch" (zur Kreismitte) und mit Blick nach außen „Gasse runter" (zurück an den Platz) zum Abschied: Nach der schönen Großen Kette – in genussvollen Bögen à 4 Schritte „pro Hand" getanzt – trifft man sich mit der „Nr. 7" zur Paardrehung ad libitum! Von vorne geht's los mit dem neuen Partner, anschließend fulminantes Finale mit Schlusskreis, Break und – „just in time" – einem Stampf mit Klatsch auf dem Schlusston!*

### einfache Quadrille
*Kommt's bekannt vor? Was im Kreistanz schon eingefädelt wurde, findet seine Entsprechung in der Quadrille: Aus „Gasse hoch und Gasse runter" wird ein Platzwechsel mit Toren der sich jeweils gegenüberstehenden Paare, aus dem einfachen Viereck ergibt sich die raffinierte „Grand-Square"-Figur, bei der alle acht Tänzer(innen) gleichzeitig und jede(r) sein bzw. ihr eigenes Viereck tanzen, ohne einander in die Quere zu kommen, was mit der schönen Kette belohnt wird.*

### Quadrille mit Variante
*Quadrillen-Tanzen macht Spaß, macht Appetit auf weitere Tanzvarianten! Jetzt sind die Kontratanz-Fans in ihrem Element und lassen die Struktur der Musik voll zur Geltung kommen: jedem Teil seine eigene, in der Dynamik passende Figur. Wie wär's mit einem Tanzbesuch bei den Nachbarn schräg gegenüber? So bietet sich z. B. der B-Teil der Musik für eine schwungvolle Paarkette bzw. Damenkette nicht nur mit dem Vis-à-vis-Paar, sondern auch in der Diagonale an. Vorbilder unserer Toblana-Quadrille – höfische Vorfahren und der legendäre Tanz „Grand Square" – lassen grüßen. Und wer es gerne mit Tempo hat, trifft sich nach einer zügigen Kette à nur zwei Schritte „pro Hand" zu einem rassigen „Swing" mit dem Partner! Wahrscheinlich fällt die Kompromiss-Lösung mit drei Schritten „pro Hand" leichter: Somit wird man mit Schwung und Genuss dem 2/4-Takt dieses Mal ein Schnippchen schlagen!*

# TOBLANA ECK 1

Kreismixer — Mitmachtanz

Aufstellung: Paare im Kreis, Front zur Mitte, Kreis durchgefasst

## Musik- und Tanzschema

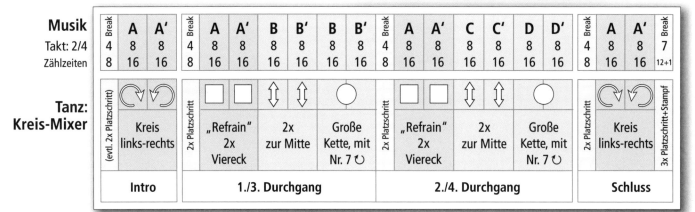

2 x

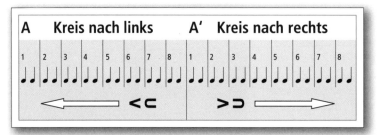

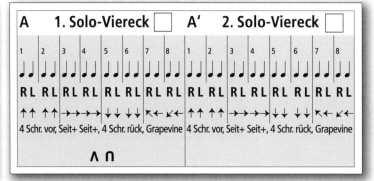

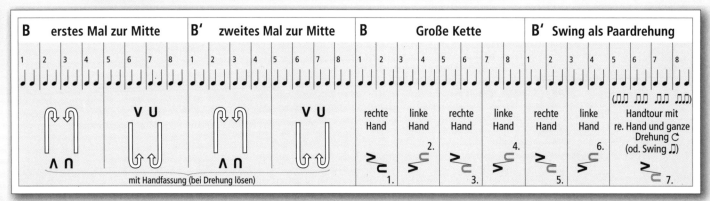

**Große Kette** und **Swing**: siehe Seite 27

Regula Leupold — Tanzen mit Titlá — © FIDULA

## 2./3./4. Durchgang wie 1. Durchgang

### Schluss

 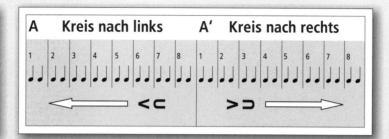 

## Tipps fürs Quadrillentanzen

**Vorteil der Kreistanz-Version:** Diese kann man zu jeder Zeit mit beliebig vielen Paaren tanzen. Auch ist der Ablauf schnell wieder präsent, wenn man die Quadrille tanzen will.

**Wiederholen des Tanzes:** Ist eine Gruppe noch nicht so versiert im Quadrillentanzen, empfiehlt es sich in folgenden Tanzstunden nach Möglichkeit in der ursprünglichen Achter-Gruppe oder zumindest mit dem gleichen Partner („Tanz-Cousin" / „Tanz-Cousine") vom vertrauten Platz aus bzw. in der vertrauten Rolle zu tanzen.

### „Wenn es nicht aufgeht":

*Als Assistent(inn)en dabei:* Ist eine Gruppe nicht durch 8 teilbar, werden Überschuss-Tänzer(innen) oder -Paare trotzdem ins Geschehen einbezogen, indem sie die Aufgabe haben, einer Achter-Gruppe beim Üben zu assistieren.

*Als „Einspringer" dabei:* „Überschuss-Tänzer(innen)/-Paare" stellen sich z. B. hinter Paar 1, memorieren den Figurenablauf, um beim Repetieren des Tanzes gleich die Rolle dieses Partners/Paares übernehmen zu können.

Könner machen sich einen Spaß daraus, Überschuss-Tänzer(innen) bei laufender Musik einzuschleusen: Bei „Toblana Eck" bietet sich der Break vor jedem Tanzdurchgang als Moment für den Wechsel an. Tänzer(innen), die ersetzt wurden, lassen einen Tanzdurchgang aus und stellen sich in der Zeit hinter den entsprechenden(!) Platz einer anderen Quadrillen-Gruppe, um beim übernächsten Durchgang wieder in den Tanz einzusteigen.

# TOBLANA ECK 2

**Quadrille** — **Einfache Version**

JES **

Aufstellung: Quadrillen frei im Raum, d. h. jeweils vier Paare bilden ein Viereck, dabei stehen die Paare Nr. 1 in der Regel mit dem Rücken zu der Kapelle/Musik, Paare innere Hände gefasst, während des Vorspiels (Break) fassen zum Achterkreis.

## Musik- und Tanzschema

| Musik<br>Takt: 2/4<br>Zählzeiten | Break<br>4<br>8 | A<br>8<br>16 | A'<br>8<br>16 | Break<br>4<br>8 | A<br>8<br>16 | A'<br>8<br>16 | B<br>8<br>16 | B'<br>8<br>16 | B<br>8<br>16 | B'<br>8<br>16 | Break<br>4<br>8 | A<br>8<br>16 | A'<br>8<br>16 | C<br>8<br>16 | C'<br>8<br>16 | D<br>8<br>16 | D'<br>8<br>16 | Break<br>4<br>8 | A<br>8<br>16 | A'<br>8<br>16 | Break<br>7<br>12+1 |
|---|---|---|---|---|---|---|---|---|---|---|---|---|---|---|---|---|---|---|---|---|---|
| **Tanz: einfache Quadrille** | (evtl. 2x Platzschritt) | Kreis links-rechts | | 2x Platzschritt | "Refrain" Grand Square | 4x "Tor" | Große Kette | | | | 2x Platzschritt | "Refrain" Grand Square | | 4x "Tor" | | Große Kette | | 2x Platzschritt | Kreis links-rechts | | 3x Platzschritt+Stampf |
| | **Intro** | | | **1./3. Durchgang** | | | | | | | **2./4. Durchgang** | | | | | | | **Schluss** | | | |

**2 x**

### Intro

**A** Kreis nach links    **A'** Kreis nach rechts

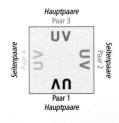

*Hauptpaare* Paar 3 — *Seitenpaare* Paar 4 / Paar 2 — Paar 1 *Hauptpaare*

**Break** 2x „Platzschritt"
siehe Kreismixer

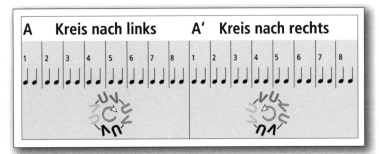

**A** „Grand Square" hin    **A'** „Grand Square" retour

| | 1 | 2 | 3 | 4 | 5 | 6 | 7 | 8 | 1 | 2 | 3 | 4 | 5 | 6 | 7 | 8 |
|---|---|---|---|---|---|---|---|---|---|---|---|---|---|---|---|---|
| Hauptpaare: | vorwärts zur Mitte | rückwärts auf den fremden Platz | | rückwärts in die Ecke | | vorwärts auf den eigenen Platz | | rückwärts in die Ecke | | vorwärts auf den fremden Platz | | vorwärts zur Mitte | | rückwärts auf den eigenen Platz | |
| *gleichzeitig* Seitenpaare: | rückwärts in die Ecke | | vorwärts auf den fremden Platz | | vorwärts zur Mitte | | rückwärts auf den eigenen Platz | | vorwärts zur Mitte | | rückwärts auf den fremden Platz | | rückwärts in die Ecke | | vorwärts auf den eigenen Platz | |

*Paardrehung ad libitum:*

Regula Leupold — Tanzen mit Titlá — © FIDULA

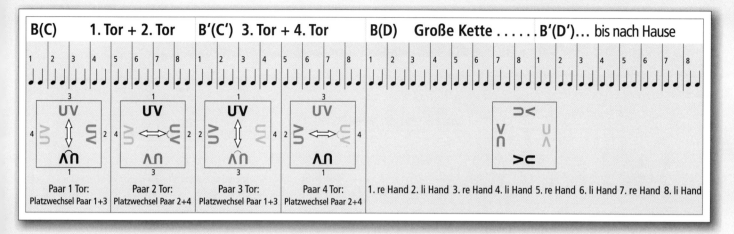

**2./3./4. Durchgang wie 1. Durchgang**

**Schluss: Break, Kreis und Schluss-Break wie Kreismixer**

## Figuren in Toblana Eck 1-3, Kreistanz und Quadrillen

### Große Kette
Dem ersten/eigenen Partner rechte Hand reichen, rechts-schultrig aneinander vorbeitanzen, Fassung lösen, dem nächsten/zweiten Entgegenkommenden die linke Hand reichen, links-schultrig aneinander vorbeitanzen etc.

### Swing als Paardrehung
*Ausgangsposition:* Außenkante der rechten Füße aneinandersetzen (Vergleich: beide rechte Füße befinden sich auf einem „gemeinsamen Rollbrett")
*Fassungen:* z. B. anstelle der geschlossenen Tanzfassung (echte Paare) eignet sich für Laiengruppen die einfachere Schulterfassung oder folgende beliebte Swing-Fassung: linke Hände gefasst (Arme angewinkelt), rechte Hand (Arme gestreckt) auf rechter Schulter des Partners.
*Drehung:* Oberkörper zurücklehnen und mit den linken Füßen (wie beim Rollbrettfahren) die Drehung ↺ „anschubsen", während die rechten Füße am Platz rotieren.

### „Grand Square"
Jede(r) Tänzer(in) tanzt ein eigenes kleines Viereck innerhalb des gemeinsamen großen Vierecks – beim paarweisen Vorwärtstanzen/Rückwärtstanzen jeweils innere Hände gefasst.
Einführung: Hauptpaare, dann Seitenpaare unabhängig voneinander je ihr Viereck hin und zurück üben und dann – ebenfalls nacheinander – nur zum Anfang des Musikstücks tanzen lassen:
A A': Hauptpaare (Break) A A': Seitenpaare.
Dann folgt die überraschende Information: Mit der Begründung „Musik sparen!" müssen alle vier Paare gleichzeitig tanzen!

### Platzwechsel mit Tor
Beide Paare, innere Hände gefasst, tanzen aufeinander zu, ein Paar bildet mit erhobenen gefassten Händen das Tor, das andere Paar tanzt durch das Tor, anschließend Solodrehung mit Handwechsel (einander zugewandt). Jedes Paar bildet mal das Tor bzw. tanzt mal durch das Tor, d. h. das Tor wird jeweils vom jenem Paar gebildet, das vom Platz 1 bzw. vom Platz 2 aus startet.

# TOBLANA ECK 3

**Quadrille** — mit Varianten

JES ***

Aufstellung: Quadrille (vier Paare bilden ein Viereck)

## Musik- und Tanzschema

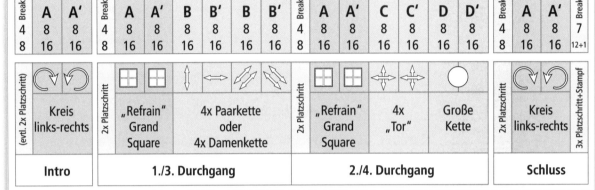

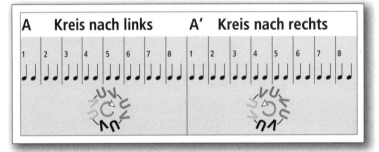

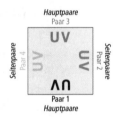

### 1. Durchgang

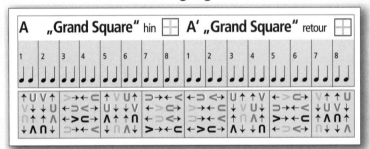

### Paarkette

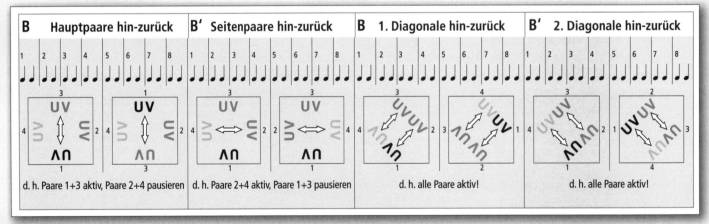

Regula Leupold — Tanzen mit Titlá — © FIDULA

2. Durchgang wie einfache Quadrille: Tore und Kette
3. Durchgang wie Quadrille-Variante: Paarkette/Damenkette
4. Durchgang wie einfache Quadrille: Tore und Kette
Schluss: wie Kreismixer/einfache Quadrille

## Figuren Toblana Eck 3

**Paarkette** = 2 Paare Platzwechsel (auch „Englische Kette": „right and left through"): Fassung im Paar lösen, dem fremden Gegenüber rechte Hand („Rechts in Rechts") reichen, aneinander mit 4 Schritten vorbeigehen, auf dem Gegenplatz dem eigenen Partner die linke Hand reichen („Links in Links"), rechte Hand lösen, dabei legt der Tänzer seine Rechte auf die rechte Hüfte seiner Partnerin: in dieser Fassung ½ ↻ Paardrehung mit 4 Schritten. Entsprechend Platzwechsel zurück auf den eigenen Platz.

**Alternative: Damenkette** = Platzwechsel nur der Tänzerinnen („Ladies' Chain"): Fassung im Paar lösen, gegenüberstehende Tänzerinnen reichen sich die rechte Hand („Rechts in Rechts"), tanzen aneinander vorbei, reichen dem fremden Tänzer die linke Hand („Links in Links"), ½ ↻ Paardrehung (wie Paarkette) mit dem fremden Partner. Entsprechend Platzwechsel zurück auf den eigenen Platz.

### Variationsmöglichkeiten mit Paarkette und Damenkette:
- **zum Üben:** z. B. zuerst die Damenkette einführen und tanzen; sie ist etwas einfacher, weil die Tänzer ihren Platz nicht verlassen
- **„sowohl als auch":** z. B. im 1. Durchgang 4x Paarkette, im 3. Durchgang 4x Damenkette (oder Reihenfolge umgekehrt)
- **für Könner:** z. B. 2x Paarkette, 2x Damenkette (Diagonalen)

# BRETONISCHER Musik

Die Musik besteht aus zwei Stücken, bearbeitet von Titlá, die sich einen Spaß daraus gemacht haben, dem traditionellen bretonischen Stück als Einleitung die „Internationale" – ebenfalls mit Dudelsack gespielt – voranzustellen und in typischer Titlá-Manier spielen zu lassen. Ein gelungenes Experiment: gut gegen festgefahrene Hörgewohnheiten!

traditionell
Arrangement: Titlá

# BRETONISCHER

**einfacher Kreistanz** — Grundform + Variation

JES **

Choreographie: Regula Leupold

Aufstellung: geschlossener oder offener Kreis

## Musik- und Tanzschema

1'12 Min.

| | 1. Teil 4/4-Takt | | | | | | 2. Teil 6/8-Takt | | | | | | | | | |
|---|---|---|---|---|---|---|---|---|---|---|---|---|---|---|---|---|
| **Musik** | A Einleitung | | | A „Vorspann" | | | B | C | B | C | D ohne Dudelsack | B | C | B | C | D ohne Dudelsack | B |
| Takt: 4/4, 6/8 | 4 | 4 | 4 | 4 | 4 | 4 | 8 | 8 | 8 | 8 | 8 | 8 | 8 | 8 | 8 | 8 | 8 |
| **Tanz** | frei, Gehschritte ← oder Wiegen am Platz | | | ∨∧∨ | ∨∧∨ | ∨∧∨ | ∨∧∨ | ∨∧∨ | ∨∧∨ | ∨∧∨ | ∨∧∨ | ∨∧∨ | ∨∧∨ | ∨∧∨ | ∨∧∨ | ∨∧∨ |
| | | | | 6 x „Zick-Zack" | | | 22 x „Zick-Zack" | | | | | | | | | |

## Grundform

Fassung beliebig: V- oder W-Fassung

### 1. Teil: Vorspann

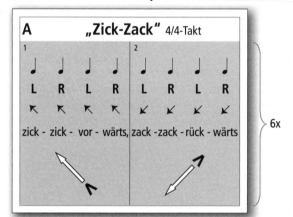

### 2. Teil: Haupttanz

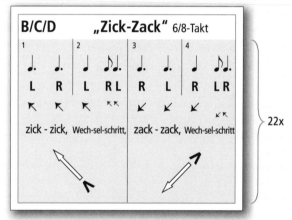

## Variante

mit Armbewegung parallel zu den Schritten und evtl. Jemenit-Schritt (s. Seite 32)

| Arme heben-senken | |
|---|---|
| 1 | 2 |
| **Arme** | **Arme** |
| von V- zu W-Position heben | von V- zu W-Position senken |

| Händekreisen und Armschwingen | | | |
|---|---|---|---|
| 1 | 2 | 3 | 4 |
| **Hände** | **Arme** | **Hände** | **Arme** |
| W-Position: Hände 2x kreisen | V-Position: Arme schwingen rück-vor | W-Position: Hände 2x kreisen | V-Position: Arme schwingen rück-vor |

© FIDULA · Tanzen mit Titlá · Regula Leupold

# BRETONISCHER

## Die Tanzidee in Kürze: Grundform und Variationen

*Dieser einfache Kreistanz ist überlieferten Formen nachempfunden. Der offene Kreis bewegt sich der Tradition der alten Tänze entsprechend nach links, im zweiten Teil evtl. als Spirale zur Mitte. Oder: In der langen Schlange ist es reizvoll, wenn der „Kopf" der Schlange mit einer halben Drehung nach rechts einschwenkt (Rücken zur Mitte) und man – Gesicht zu Gesicht – in Gegenrichtung an den Nachfolgenden vorbeizieht. Nach einer nochmaligen „Kurve" endet man wieder mit Blick zur Kreismitte.*

*Für die Tanzfüße stellt sich die interessante Aufgabe, das populäre Zick-Zack-Muster im ersten Teil im 4/4-Takt mit einfachen Gehschritten („Kuchenstücke ohne Sahne"), im zweiten Teil jedoch im 6/8-Takt mit Schritt-Schritt-Wechselschritt („Kuchenstücke mit Sahne") zu tanzen. Als schöne Zugabe können die Arme/Hände – angelehnt an die traditionelle Ausführung bretonischer Tänze – mitschwingend/-kreisend ihr eigenes dekoratives Bewegungsmuster parallel zu den Schritten ausführen: Orgelspieler und andere geübte Multi-Task-Spezialisten können bei diesem Tanz auftrumpfen!*

**Jemenit-Schritt**
Etwas anspruchsvollere Wechselschritt-Variante im B-Teil, Takt 4: Der letzte Schritt R kreuzt vor L, womit man sich bereits in die Anfangsrichtung/schräg nach links wendet.

**Zur Einführung der Hand- und Armbewegung im zweiten Teil**
Vorübung am Platz zu Sprechrhythmus/Musik, ohne/mit Handfassung
1) nur Hände/Arme üben: in W-Position 2x Händekreisen („kurbeln": zum Körper hin, nach oben-vorne, dabei bewegen sich natürlich auch ein wenig die Arme), dann Arme über oben nach vorne strecken, in V-Position Arme zurück, nach vorne und dann wieder in W-Position schwingen
2) nur Schritte üben: anstelle „Zick-Zack" vereinfacht vor-/rückwärts am Platz
3) „Zusammenspiel" üben: Hände/Arme kombinieren mit vereinfachten Schritten vor-/rückwärts am Platz, zuerst ohne, dann auch mit Fassung
4) Endfassung „Zick-Zack" mit Handfassung und gleichzeitiger Armbewegung!

# ALPEN-5er

**Musik**

## Musiktitel: SCHÜTZEN-SQUARE

Traditionelle Musik aus dem Salzkammergut (Salzburg), bearbeitet von Titlá

Bei diesem mit Witz gespielten Schwegler-Stück – das wie ein bulgarischer „5er" daherkommt – muss es doch den Balkan-Tanzfreaks in den Füßen jucken! Jedenfalls denkt man beim Hören nicht gleich an traditionelle Schützenmusik und Schützentänze! Dank der Schützenkompanien im Militär hat sich die Schwegl-Pfeife dort am längsten erhalten können. Wie schlussendlich der „5er" den Weg in dieses Stück fand, konnte nicht ausfindig gemacht werden – vermutlich hat er einen Zwiefachen als „Vorfahren".

### SCHÜTZEN-SQUARE

traditionell
Arrangement: Titlá

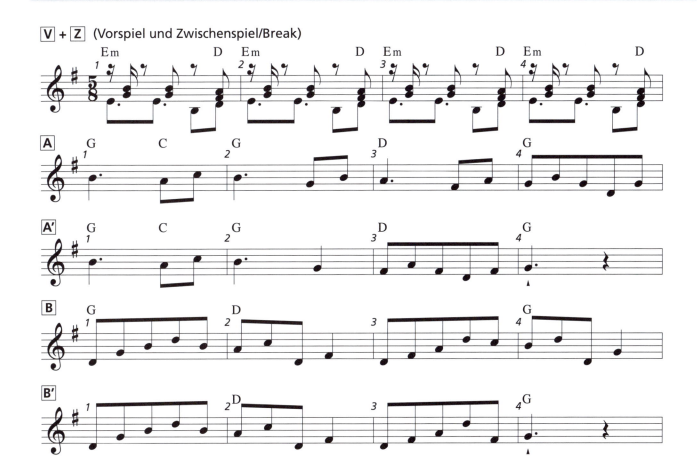

## Die Tanzidee in Kürze

**Grundformen**

*Bedingt durch den „hinkenden" Rhythmus „lang-kurz" erhalten gewohnte Schrittkombinationen einen ungewohnten Akzent und eine ganz neue Dynamik – mit zunehmender Vertrautheit macht's richtig Spaß, sich im „5er" fortzubewegen! Zum Ausruhen lässt es sich am Platz hin und her tanzen ... und schon ergibt sich ein erster, nur 4-taktiger Tanz nach dem gängigen Kreistanz-Prinzip* **„Tanz-Weg** *und* **Platz-Tanz** *im Wechsel", hier: 2 Takte Fortbewegung = 4 Schritte, 2 Takte am Platz = 1x hin, 1x her.*

**Varianten**

*Einmal vertraut geworden mit dem Rhythmus, lässt er einem keine Ruhe und lockt Varianten wie z. B. „Schritt-Hopp-Schritt", Kombinationen mit Kreuzschritten, mit Wechselschritten ... aus den Füßen. Vertraute Bewegungsmuster aus osteuropäischen Tänzen lassen grüßen! Und dann wäre da ja noch der Break, der sich als weiteres kontrastierendes Tanzelement anbietet: siehe „Alpen-5er 2" als passende Bewegungsantwort auf die musikalische Form.*

# ALPEN-5er 1

(offener) Kreistanz — Mitmachformen

Choreographie: Regula Leupold

Aufstellung: geschlossener oder offener Kreis

Die hier vorgeschlagenen Kreistanzformen haben nichts mit einem traditionellen Schützentanz gemeinsam, sondern sind improvisierend beim Versuch entstanden, mit den Füßen die nächstliegenden „Bewegungs-Antworten" auf die rhythmische Herausforderung „lang-kurz" zu finden.

## Musik- und Tanzschema

| Musik<br>Takt: 5/8<br>Tanz | V<br>4 | A<br>4<br>1.x | A'<br>4<br>2.x | A<br>4<br>3.x | A'<br>4<br>4.x | Z<br>4<br>5.x | B<br>4<br>1.x | B'<br>4<br>2.x | B<br>4<br>3.x | B'<br>4<br>4.x | Z<br>4<br>5.x | C<br>4<br>1.x | C'<br>4<br>2.x | C<br>4<br>3.x | C'<br>4<br>4.x | Z<br>4<br>5.x | D<br>4<br>1.x | D'<br>4<br>2.x | E<br>4<br>3.x | E'<br>4<br>4.x | Z<br>4<br>5.x | D<br>4<br>1.x | D'<br>4<br>2.x | E<br>4<br>3.x | E'<br>4<br>4.x | Z<br>4<br>5.x | A<br>4<br>1.x | A'<br>4<br>2.x | A<br>4<br>3.x | A'<br>4<br>4.x |
|---|---|---|---|---|---|---|---|---|---|---|---|---|---|---|---|---|---|---|---|---|---|---|---|---|---|---|---|---|---|---|
| | | 1. Durchgang | | | | | 2. Durchgang | | | | | 3. Durchgang | | | | | 4. Durchgang | | | | | 5. Durchgang | | | | | 6. Durchgang | | | |

## Einfacher 4-taktiger Tanz

Diese 2-taktige Folge kann fortlaufend – auch zum Zwischenspiel/Break (Z) – getanzt werden. Fassung beliebig.
Im offenen Kreis kann der „Kopf der Schlange" mit einer halben Drehung links um die „Kurve" tanzen und – alle nach sich ziehend – den Nachfolgenden entgegentanzen.

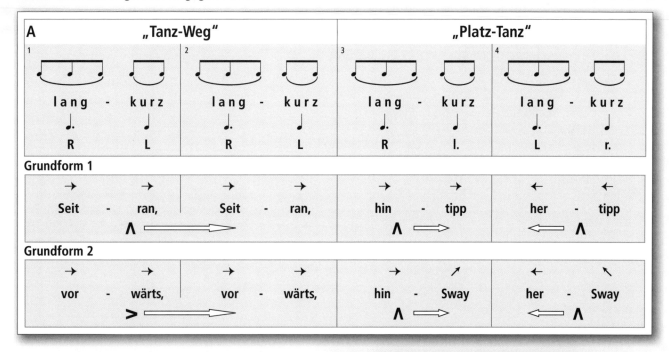

**„Sway"/Schwung:** hier als Schwingen des Spielbeines gekreuzt vor dem Standbein

**Rhythmus einführen**

Dem „5er" auf die Spur kommen, indem der Rhythmus mit leeren Kärtchen sichtbar gemacht wird:

☐ ☐ ☐ ☐ ☐ = ☐☐☐ + ☐☐ = „l a n g – k u r z"

# ALPEN-5er 2

(offener) Kreistanz — 8-taktige Tanzfolge mit Varianten — JES **

## Musik- und Tanzschema

| Musik Takt: 5/8 | V 4 | A 4+4 | A' 4+4 | A 4+4 | A' 4+4 | Z 4 | B 4+4 | B' 4+4 | B 4+4 | B' 4+4 | Z 4 | C 4+4 | C' 4+4 | C 4+4 | C' 4+4 | Z 4 | D 4+4 | D' 4+4 | E 4+4 | E' 4+4 | Z 4 | D 4+4 | D' 4+4 | E 4+4 | E' 4+4 | Z 4 | A 4+4 | A' 4+4 | A 4+4 | A' 4+4 |
|---|---|---|---|---|---|---|---|---|---|---|---|---|---|---|---|---|---|---|---|---|---|---|---|---|---|---|---|---|---|---|
| Tanz als Bsp: Vorschlag 1 | | mit Sway 1.x | mit Stopp 2.x | mit Sway 3.x | mit Stopp 4.x | Break | mit Sway 1.x | mit Stopp 2.x | mit Sway 3.x | mit Stopp 4.x | Break | mit Sway 1.x | mit Stopp 2.x | mit Sway 3.x | mit Stopp 4.x | Break | mit Sway 1.x | mit Sway! 2.x | mit Sway 3.x | mit Stopp 4.x | Break | mit Sway 1.x | mit Sway! 2.x | mit Sway 3.x | mit Stopp 4.x | Break | mit Sway 1.x | mit Stopp 2.x | mit Sway 3.x | mit Stopp 4.x |
| | | 1. Durchgang ||||| 2. Durchgang ||||| 3. Durchgang ||||| 4. Durchgang ||||| 5. Durchgang ||||| 6. Durchgang ||||

## Weiterführende Varianten

(zum Thema „Tanz-Weg" – „Platz-Tanz": siehe Gemeinschaftstanz-Grundlagen, Seite 116)

„**Tanz-Weg**": Der Rhythmus inspiriert zum Muster „Schritt-Hopp-Schritt": z. B. als Vorwärtsbewegung – auch mal mit Drehung! – oder als Kombination von Seit- und Kreuzschritten („Hopp": federn/aufhüpfen).

„**Platz-Tanz**": Als Antwort auf die musikalisch unterschiedliche Interpretation des jeweils 4. Taktes ergeben sich zwei verschiedene Platz-Tanz-Muster:

„Platz-Tanz 1"  - einfach, wie Grundform: „hin-Sway, her-Sway"
 - oder lebhafter: „hin Pas-de-Basque, her Pas-de-Basque"
 - oder kombiniert: „hin Pas-de-Basque, her-Sway"

„Platz-Tanz 2"  - einfach: „hin-Sway, **Stopp**" (Sprung auf L, dabei verharrt l. Bein kurz vor R)
 - oder raffiniert: „Pas-de-Basque, **Stopp**"

### Tanz-Vorschlag 1 (einfacher)

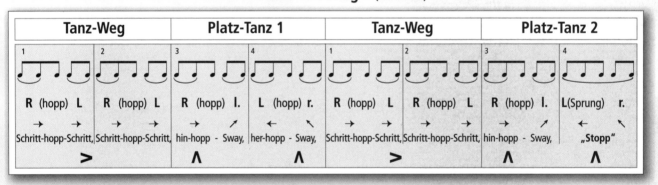

**Pas-de-Basque**
Hier als leicht gesprungener Wechselschritt am Platz im Rhythmus ♩ ♫ :
„Seit-Platz-Platz" oder Variante mit Kreuzschritt vorne „Seit-kreuz-Platz"

**Fassung/Armbewegung** beliebig, z. B. bei „Stopp" jeweils Arme hoch!
 - V-Fassung oder W-Fassung oder Schulterfassung
 - oder Arme rück-vor schwingen in V-Fassung
 - oder W-Fassung, bei Pas-de-Basque Arme rück und wieder hoch schwingen

Regula Leupold — Tanzen mit Titlá — © FIDULA

**Achtung: 4. und 5. Durchgang!** Hier haben sich die Musiker einen Spaß geleistet und fordern unsere Reaktion heraus:
**3x** „Platz-Tanz 1", dann 1x „Platz-Tanz 2"

### Tanz-Vorschlag 2 (anspruchsvoller)

# CHALLENGE of CHANGE *Musik*

## Musiktitel: hiasl boarischo

Die neu komponierte Musik – von der Struktur und vom Stil her ein traditionelles Tanzstück – stammt aus der Feder von Toni Taschler. Dieses spannende Stück fordert einen zum genauen Hinhören auf und lässt nicht locker, bis man die einzelnen rhythmischen Motive herausgehört und vor allem deren Abfolge „gepackt" hat! Inzwischen möchte ich es in meiner Tanzsammlung – als besonders originelle Bewegungs-Herausforderung – nicht mehr missen.

### hiasl boarischo

Musik: Toni Taschler

**Musikschema**

| | Refrain lang | | 1. Zwischenteil | | Refrain kurz | 2. Zwischenteil | | Refrain kurz |
|---|---|---|---|---|---|---|---|---|
| **Musik** | A1 | A2 | B1 | B2 | A3 | C1 | C2 | A4 |
| Takt: 2/4 | 8+8+1=17 Takte | 8+8+1=17 Takte | 8+7=15 Takte | 8+7=15 Takte | 8+8+1=17 Takte | 8+8=16 Takte | 8+8=16 Takte | 8+8+1=17 Takte |

Regula Leupold — Tanzen mit Titlá — © FIDULA

**CHALLENGE OF CHANGE**

## Die Tanzidee in Kürze: Tanzentstehung

*Der Tanz ist ein Puzzle aus fünf Rhythmusbausteinen.*

*Um hinter die Gesetzmäßigkeit dieser eigenwilligen Musik zu kommen, bin ich viele Längen hartnäckig auf und ab getanzt, bis meine Füße – zum Glück habe ich deren nur zwei – bei dem flott gespielten Tempo die Bewegungsantwort entdeckten.*

*Das erste Motiv – „Schritt-Schritt-Wechselschritt" (lang-lang, kurz-kurz-lang) – habe ich schnell erfasst und bald mit Schmunzeln festgestellt, dass im Verlaufe des Stücks auch die Umkehrung „Wechselschritt-Schritt-Schritt" (kurz-kurz-lang, lang-lang) vorkommt. Aber die Anzahl Wiederholungen und die Reihenfolge meiner eben entdeckten Tanzmuster will mir die Musik nicht so schnell preisgeben … immer wieder erwischt es mich buchstäblich auf dem falschen Fuß. Zudem zwingt mich meine kleine Stube zu kurvigen Raumwegen, was für die Übersicht nicht eben förderlich ist. – Da fällt der Groschen! Um stets die gleiche Front beibehalten und auf kleinem Raum experimentieren zu können, kombiniere ich nun mit jedem Wechselschritt gleichzeitig einen Richtungswechsel … das macht Spaß! So entdecke ich auch, dass die Wechselschritt-Muster mal als „Dreier"-, „Vierer"- oder „Zweier-Pack" vorkommen, dazwischen gibt es Übergänge à 4 bzw. 2 Zählzeiten ohne „Wechselschritt-Charakter", was sich als Solokreis à 4 Schritte bzw. als Wiegen „hin-her" („hi-ha") bestens in die Abfolge integriert. Heureka! Mit Hilfe der Bewegung bin ich hinter die Logik des Musikstücks gekommen!*

© FIDULA ········ Tanzen mit Titlá ········ Regula Leupold

# CHALLENGE of CHANGE

Choreographie: Regula Leupold

„Challenge of Change" – ein Spiel mit Wechselschritt und Richtungswechsel und *die* rhythmische und bewegungstechnische Herausforderung! Die Choreographie ist nicht als Tanz im herkömmlichen Sinne, sondern als Trainings- und Übungsstück gedacht, welches auch für Könner Einiges an Bewegungserfahrungen zu bieten hat. Die Bewegungsabfolge eignet sich als attraktiver Solo-/Linedance. Paartanz-Fans steht mit der Gestaltung der Folge als Solo-Paartanz eine weitere „Challenge" bevor!

Aufstellung: einzeln frei im Raum oder beliebig viele Tanzende nebeneinander in der Reihe bzw. in mehreren Reihen hintereinander, ohne Fassung (beim Einüben kann es eine Hilfe sein, in Reihen durchzufassen)

## Musik-und Tanzschema

| | Refrain lang | | 1. Zwischenteil | | Refrain kurz | 2. Zwischenteil | | Refrain kurz |
|---|---|---|---|---|---|---|---|---|
| **Musik** Takt: 2/4 | A1 8+8+1=17 Takte | A2 8+8+1=17 Takte | B1 8+7=15 Takte | B2 8+7=15 Takte | A3 8+8+1=17 Takte | C1 8+8=16 Takte | C2 8+8=16 Takte | A4 8+8+1=17 Takte |
| **Tanz** | R beginnt | L beginnt | R beginnt | L beginnt | R beginnt | L beginnt | R beginnt | L beginnt |

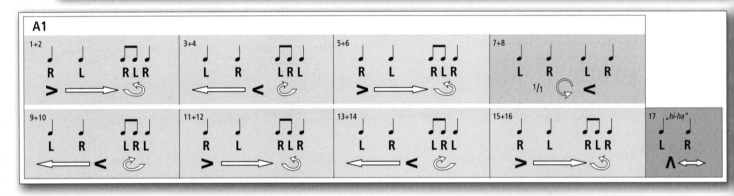

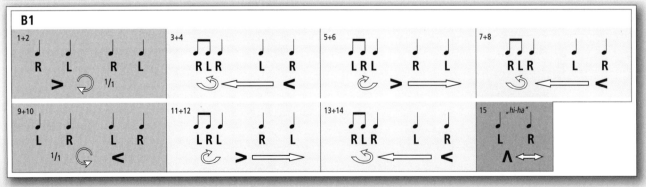

## CHALLENGE OF CHANGE

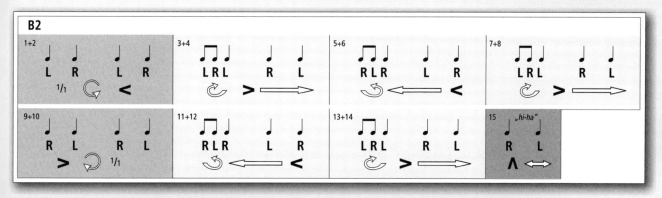

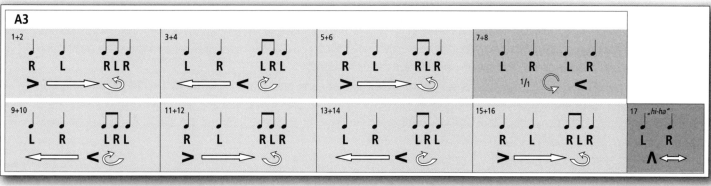

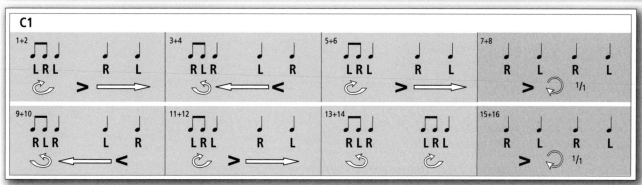

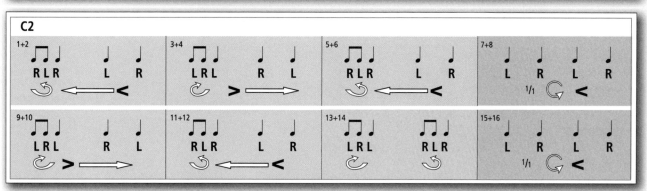

© FIDULA · Tanzen mit Titlá · Regula Leupold

**Wechselschritt rechts mit Richtungswechsel** (Wechselschritt links entsprechend):
Schritt R nach rechts (♪), Gewichtsverlagerung zurück auf L am Platz (♪), Kreuzschritt R vor L (♩)

**„Punktierter Wechselschritt" rechts** („punktierter Wechselschritt" links entsprechend) – Lust auf eine Herausforderung? Wer dem Tanz noch eine zusätzliche, pointierte Note verleihen möchte, kann versuchen, den ersten Schritt etwas zu „überdehnen":
Schritt R nach rechts (♪.), kleiner Sprung zurück auf L am Platz (♪), Kreuzschritt R vor L (♩)

### Erarbeiten des Tanzes „Challenge of Change" mit visueller Unterstützung

Nachdem wir die Musik schon einmal gehört und uns frei dazu bewegt haben, werden wir sie Schritt für Schritt, takt- und kapitelweise „mit den Füßen" lesen, hören und er-tanzen! Ein bewährtes Vorgehen, um den komplexen Tanzablauf für alle sichtbar und mit der Bewegung leichter nachvollziehbar zu machen: Die einzelnen Rhythmus-Bausteine werden in passender Anzahl auf einzelne Papiere aufgezeichnet, damit jeweils die rhythmische Struktur eines Tanzkapitels à 16 bzw. 17 Takte als Puzzle zusammengesetzt, d. h. auf dem Boden ausgelegt, an eine Wäscheleine oder an die Wand geheftet werden kann. Die Darstellung kann im Laufe der Einführung zur Orientierung mit Richtungspfeilen ergänzt werden.

Sind die einzelnen Kapitel mal erarbeitet, ist es eine lohnende Erfahrung – mit einer Kopie der vorliegenden Tanzbeschreibung in der Hand – den gesamten Tanzablauf erst ohne, dann mit Musik direkt „ab Blatt tanzen" zu können! Oder – wer den Aufwand nicht scheut, notiert/klebt die vollständige Tanzbeschreibung im Großformat: Erfolgserlebnis bei den Tanzenden wird garantiert!

Unter **www.fidula.de** können Sie sich eine PDF-Datei mit den o. g. Rhythmus-Bausteinen als einzelne Seiten zum Ausdrucken herunterladen. Klicken Sie hierzu auf die Artikelbeschreibung zum Buch „Tanzen mit Titlá".

## Erarbeiten der einzelnen Bewegungsmuster und -kapitel

### Refrain

Der Rhythmus „Schritt-Schritt, Wech-sel-schritt" („lang-lang-kurz-kurz-lang" ♩ ♩ ♫ ♩ ) bietet sich als tänzerisches Hauptmotiv und somit der A-Teil als „Bewegungs-Refrain" an. Die Takte 1-4 werden als kopierte bzw. ausgedruckte Rhythmus-Bausteine hingelegt und mit dem Sprechrhythmus „Schritt, Schritt, Wech-sel-schritt" wiederholt getanzt. Dabei gilt: Wechselschritt = Richtungswechsel! Nun versuchen wir, das Hauptmotiv (siehe oben) der Musik (A1/A2) zuzuordnen: Wie oft passt es in den A-Teil hinein? Alle Bausteine des Refrains werden jetzt ausgelegt und nach Sprechrhythmus und Musik getanzt. Damit sind bereits das „Kreis-Motiv" („vier-Schritt-rund-um", Takt 7 und 8) und das „Hi-Ha-Motiv" (Takt 17) – beide ohne Richtungswechsel-Effekt! – für die anschließenden „Tanzkapitel" eingeführt worden. In der gleichen Weise erarbeiten wir die weiteren Tanzkapitel:

**1. Zwischenteil** mit „Wech-sel-schritt, Schritt-Schritt" als Umkehrung des Hauptmotivs! ( ♫ ♩ ♩ ♩ )

**2. Zwischenteil** mit „Wech-sel-schritt, Wech-sel-schritt" (Takt 7) als witzige Überraschung! ( ♫ ♩ ♫ ♩ )

### Tanzen mit Gegenüber

Ist die Tanzfolge einmal gut in Füßen und Ohren verankert, macht es Spaß, in gegenüberstehenden Reihen/Blöcken/Kreisen zu tanzen! Dabei steht gleich die erste Entscheidung im Raum:
- Tanzen *gegengleich*, indem beide Gruppen nach rechts starten: „Wir lassen uns nicht von der Gegenbewegung aus dem Konzept bringen!"
- Oder Tanzen *spiegelbildlich*, indem sich die eine Gruppe anpasst und das Stück mit dem linken Fuß beginnt: „Das schaffen wir mit links!"

### Solo-Paartanz: Improvisieren und Selber-Gestalten*

Die Sicherheit, die man sich beim „Gegenübertanzen" in Sachen Raumorientierung erworben hat, kommt einem beim Tanzen mit Partner zugute. Neben *gegengleich*, *Spiegelbild* und evtl. Figuren wie *Platzwechsel* oder *Paardrehung* ergeben sich noch weitere Gestaltungsmöglichkeiten bezüglich Position und Bewegungsrichtung, indem man mit „Beziehungswörtern" spielt wie *voreinander, nebeneinander, miteinander, auseinander, zueinander* …

Ich wünsche viel Spaß und neue Tanzerfahrungen – ganz im Sinne des Tanztitels: „Take up a challenge"!

* siehe auch Gemeinschaftstanzen-Grundlagen, Seite 115

# DI GRINE KUZINE — Musik

Dieses herzergreifende Auswanderer-Lied erzählt vom Schicksal der naiven „grünen" Cousine, die – noch jung und unerfahren, also noch „grün hinter den Ohren" – versucht, in Amerika Fuß zu fassen. Ihre Hoffnungen in das Land der vielen Möglichkeiten werden enttäuscht, das einst blühende Mädchen müht sich ab, wird ein Schatten seiner selbst und verflucht das Land des erfolgreichen Entdeckers Kolumbus! Wir können nur ahnen, dass sie in ihrer Heimat in Osteuropa einen Liebsten (Cousin?) zurückgelassen hat, der ihr – so lasst uns hoffen – mit einem der nächsten Auswanderer-Schiffe folgt … wird doch die zuerst schwermütige, langsame Musik „von einem Tag auf den anderen" bzw. nach zwei Durchgängen plötzlich doppelt so schnell, witzig und fröhlich!

Titlá haben mit ihrem Arrangement dem traditionellen, ursprünglich zweiteiligen Lied einen Zwischenteil beigefügt: Eine reizvolle Ergänzung zur Tanzform, die bereits in einer früheren Tanzsammlung* vorgestellt wurde.

## DI GRINE KUZINE

traditionell (jiddisch)

### Musikschema

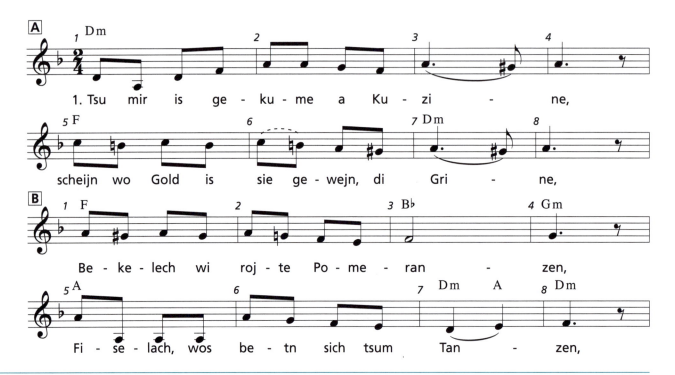

* siehe „Tants fidele, tants! – Klezmer-Tanzerlebnisse von 7 bis 77" von Regula Leupold, DVD und Heft incl. CD, Helbling-Verlag

# DI GRINE KUZINE

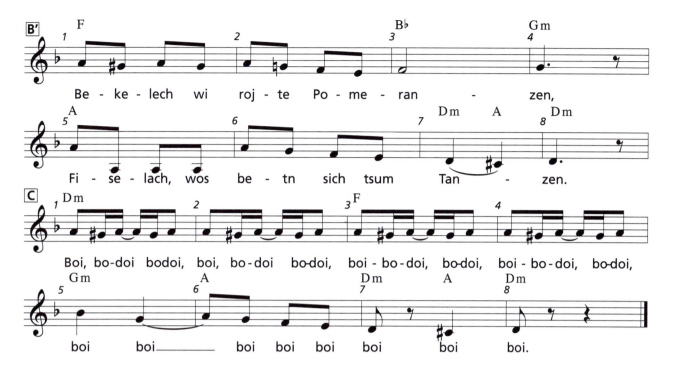

2. Nit gegangen is si, nor geschprungen,
   nit geredt hot si, oj nor gesungen,
   ‖: frejlech, lustig is gewejn ir Mine,
   ot asoj gewejn is main Kuzine. :‖

3. Awek sejnen fun demolt schojn Jorn,
   fun majn Kuzine is a Tel gworn,
   ‖: Pejdejs jorn lang hot si geklibn,
   bis fun ir alejn is nischt geblibn. :‖

4. Hajnt, as ich bagegn majn Kuzine
   un ich freg si – wossche machstu Grine,
   ‖: entfernt si mir mit a krumer Mine,
   as brenen sol Kolumbuses Medine. :‖

*Wörtliche Übersetzung:*

1. Zu mir ist meine Cousine gekommen,
   schön wie Gold ist sie gewesen, die Grine*,
   Bäckchen wie rote Orangen,
   Füßchen, die tanzen möchten.

2. Nicht gegangen ist sie, nur gehüpft,
   nicht geredet hat sie, nur gesungen,
   fröhlich, lustig war ihre Miene,
   so war sie, meine Cousine.

3. Vorbei sind die einst schönen Jahre,
   aus meiner Cousine ist ein Wrack geworden,
   in Lohntüten hat sie jahrelang gewühlt,
   bis von ihr nichts geblieben ist.
   *(sinngemäß: bis sie verblühte)***

4. Heute, als ich meiner Cousine begegne
   und sie frage: „Was machst du, Grine?",
   *(im Sinne von: „Wie geht es dir?")*
   wendet sie sich mit trauriger Miene von mir weg:
   „Brennen soll das Land von Kolumbus!"

---

\* „Grine": Einwanderin in die USA, auch im Sinne von jung, unerfahren, „grün hinter den Ohren"

\*\* Zur dritten Strophe kursieren unterschiedliche Übersetzungen. Die Aussage muss man aus dem Zusammenhang erraten: „Pejdejs" lässt sich von „paydays" (engl. „Zahltag") herleiten und scheint auch für „Lohntüte" zu stehen. In diesem Sinne kann man sich vorstellen, wie die arme Cousine jahrelang am Zahltag in der Lohntüte gewühlt hatte, und es war nie genug drin. Darüber hinaus klingt beim Lied auch an, dass die Cousine Ansprüche (an ihre neue Heimat) hatte und wohl nicht leicht zufrieden zu stellen war. Andererseits fühlte sie sich als Einwanderin auch ausgenutzt und musste – wie die Strophe im übertragenen Sinne verstanden werden kann – „von der Hand in den Mund" leben.

# Die Tanzidee in Kürze: Kreis-Mixer

„Gerüchte-Tanzen": Tanzenderweise nehmen wir am Schicksal der armen Cousine teil. Dabei stellt man sich vor, wie bei jeder Begegnung im Tanz die Geschichte von der jungen Auswanderin weitergereicht wird: beim Treffen der Verwandtschaft am Hafen, wo die Einwanderer-Schiffe anlegen (Bewegung zur Kreismitte), und bei jedem Partnerwechsel. Anstelle der Paardrehung im C-Teil können die Tanzpartner als spielerische Variante das Gerüchte-Weitergeben und ihre Teilnahme auch pantomimisch darstellen. Nehmen wir an, mit dem Einsetzen des schwungvollen C-Teils keimt Hoffnung auf: Noch ein paar Jahre bzw. Tanz-Durchgänge Geduld und der Partner, der einem nach dem letzten Partnerwechsel gegenübersteht, erweist sich als der zu Beginn Auserwählte, der sehnlichst erwartete Cousin! … sofern wir vorher korrekt „abgezählt" haben: Der/die Sechste wird es nämlich sein! Bevor wir mit dem Tanz loslegen – Tanz-Cousine und Tanz-Cousin haben sich bereits füreinander entschieden –, schreiten die Tänzerinnen die am Platz stehenden Tänzer im Uhrzeigersinn ab und reihen sich für den Tanzbeginn mit dem 5. Tänzer in den Kreis ein. So stellen wir sicher, dass wir nach fünf Jahren, d. h. fünf Durchgängen und fünf Partnerwechseln, wieder aufeinandertreffen und diese Begegnung gebührend feiern, indem das letzte – sechste – Durchspiel z. B. als freie Paarimprovisation mit dem Auserwählten oder als gemeinsamer Schlusskreis (Cousin und Cousine nebeneinander) getanzt wird (siehe Tanzbeschreibung).

Der Trick mit „Tanz-Cousine" bzw. „Tanz-Cousin" ist inzwischen ungeplant zur Institution geworden: Es hat sich schon so oft bewährt, wenn zu Beginn einer Tanzeinheit – sei dies nun ein Abend oder ein Wochenende – ein Stammpartner, eine Cousine bzw. ein Cousin, ausgewählt wird – was z. B. mit dem Tanzen der „Grinen Kuzine" eingefädelt werden kann. So hat man immer denselben Partner „zur Hand", wenn es um die Einführung einer nicht eben harmlosen Partnerwechselfigur geht oder es bei einem entsprechenden Tanz bereits zum Durcheinander gekommen ist. Das Stichwort „Cousine", ein Blick in die Runde … und schon ist in kurzer Zeit die Ordnung wiederhergestellt, und der Tanz kann in der vertrauten Rolle als Tänzer/Tänzerin – evtl. sogar am vorher festgelegten Treffpunkt – von vorne beginnen. Ein positiver Nebeneffekt: Auf der Suche und beim Wiederfinden des Stammpartners bleibt gar keine Zeit, sich über Ursachen des Scheiterns aufzuhalten – im Gegenteil, man freut sich aufs Wiedersehen. Diese patente Tanzregel macht Spaß und sorgt dafür, dass die gute Stimmung – trotz gelegentlichem und unvermeidlichem Schiffbruch beim Tanzen-Lernen – erhalten bleibt!

*Beim Familien-Tanztreffen wird das Schicksal der Grinen Kuzine bei jedem Partnerwechsel weitererzählt!*

**Paartanz** # DI GRINE KUSINE  **einfacher Mixer**

Choreographie: Regula Leupold

Aufstellung: Paare im Kreis

Offene Fassung oder Kreuzhandfassung: miteinander ausmachen, ob rechte/linke Hand unten bzw. oben durch gelten soll – rechte Hände unten = „schweizerisch", linke Hände unten = „amerikanisch" (eignet sich besser für anschließende Swing-Fassung). Auf rechte/linke Füße kommt es nicht an. Falls man sich festlegen möchte, können beide z. B. rechts beginnen.

## Musik- und Tanzschema

## Hauptteil

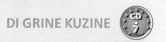

## Zwischenteil

 **DI GRINE KUZINE**

**Reverenz:** hier kurze Verneigung/Begrüßung am Platz

### Einführung der Kreuzfassung
Beim Partnerwechsel muss man die Kreuzhandfassung schnell hinkriegen: Es macht Spaß, die Treffsicherheit beim „Zupacken" zuerst mit geschlossenen Augen (bei „Nacht und Nebel") zu üben!

### Paardrehung: B-Teil (Takt 7-8)
In der Position nebeneinander (offene Fassung/Kreuzfassung) ganze Drehung ↻ mit 4 Gehschritten, dabei tanzen die Tänzer fast am Platz, führen die Tänzerinnen mit Schwung herum (Paardrehung wie bei „Scherele").
Alternative: anstelle der Drehung Reverenz zum Partner

### Paardrehung: C-Teil
**einfache Variante:** Paarkreis oder Handtour rechts 16 Schritte ↻
**rassige Variante:** „Swing", d. h. 16 Swing-Schritte, 3-4 Drehungen ↻ z. B. mit Kreuzfassung („kurz" gefasst, Arme angewinkelt). Ausführung Swing-Schritte und weitere Swingfassungen: siehe „Toblana Eck", Seite 27. Weitere geeignete Swingfassungen siehe „Tanzwerkstatt", Seite 120.

## Einstieg mit Begrüßungs- und Partnerwechsel-Spiel frei im Raum

Folgendes Begegnungs-Spiel nach dem „Flohmarkt-Prinzip" lässt sich auch auf beliebige Musik übertragen und passend auf die Struktur der jeweiligen Musik gestalten: „Ich schenke meine(n) Tanzpartner(in), kriege dafür das Vis-à-vis als neue(n) Partner(in) geschenkt!" (siehe auch „Schotter-Polka", Seite 18).

Man stelle sich vor, die eben eingereisten jungen Cousinen (Tänzerinnen, stets Platz rechts im Paar) werden von Verwandten wohlbehütet von Hand zu Hand weiter gereicht und somit in die Gesellschaft eingeführt (zwecks Heiratsvermittlung?).

### Pantomimisches Vorstell-Spiel ohne Rücksicht auf die musikalischen Abschnitte
Zuerst ohne, dann mit Musik: paarweise Promenade frei im Raum (offene Fassung oder Kreuzhandfassung). Bei Begegnung mit einem Vis-à-vis-Paar: begrüßen, sich vom eigenen Partner verabschieden, Fassung lösen, dem eigenen Partner den Rücken zukehren*, indem man sich dem neuen Partner zuwendet, Fassung mit dem neuen Partner, von vorne Promenade mit dem neuen Partner.
Als Kennenlern-Spiel erweitert, ergibt sich hier die Gelegenheit, bei der Promenade den Namen des Partners zu erfahren und sie/ihn beim Partnerwechsel mit Namen vorzustellen. Am besten zuerst ohne Musik!

### Paar-Mixer mit Rücksicht auf die musikalischen Abschnitte
A    paarweise Promenade frei im Raum, offene Fassung oder Kreuzhandfassung
B    zwei Paare begegnen sich und tanzen 4 Schritte zueinander, Reverenz zum Gegenüber (4 Zählzeiten), 4 Schritte auseinander, Reverenz zum Partner (4 Zählzeiten)
B'   wie B-Teil
C    Vierer-Kreis ↻ mit 12 Schritten und 3x stampfen, dabei Partner verabschieden (Rücken zuwenden), von vorne mit neuem Partner. Oder C: Paarkreis/Handtour ↻ mit dem neuen Partner.

---

* Mit diesem Trick geht man sicher, dass jede(r) stets den gleichen Platz bzw. die gleiche Rolle im Paar innehat.

# DI MESINKE  Musik

Wie dieses jiddische Lied seinen Weg ins Titlá-Repertoire gefunden hat, verliert sich im Dunkel der Geschichte: Fest steht, dass das Stück in der Titlá-Bearbeitung unmissverständlich zum Tanzen einlädt. Das Lied erzählt, wie der Vater frohlockt, weil die Jüngste von vielen Töchtern, die „Mesinke" (stimmhaftes „s", oft auch „Mezinke" geschrieben), nun endlich auch „unter die Haube gekommen ist": „Di Mesinke ojsgegebn!" Alle freuen sich mit, war doch die traditionelle jüdische Hochzeit ein Fest fürs ganze Dorf, so auch für die armen Leute, die an den reichgedeckten Tisch eingeladen wurden.

## DI MESINKE

Musik und Text:
Mark M. Warshavsky (1840-1907), jiddisch

### Musikschema

| Musik | V | A<br>instr.<br>+ Refrain | B1 | A<br>2. Strophe<br>+ Refrain | B2 | A<br>3. Strophe<br>+ Refrain | B1 | A<br>4. Strophe<br>+ Refrain | B2 | A<br>instr. | B1 | A<br>5. Strophe<br>+ Refrain | B2 | A<br>6. Strophe<br>+ Refrain | B2 | B2 |
|---|---|---|---|---|---|---|---|---|---|---|---|---|---|---|---|---|
| Takt: 4/4 | 4 | 9 | 4 | 9 | 4 | 9 | 4 | 9 | 4 | 9 | 4 | 9 | 4 | 9 | 4 | 4 |

 DI MESINKE

*Wörtliche Übersetzung:*

1. Schtarker, besser!
   Di Rod, di Rod macht greser!
   Grojs hat mich Got gemacht,
   Glik hot er mir gebracht.
   Huljet, Kinder, a ganze Nacht!
   ||: Mesinke ojsgegebn. :||

2. Schtarker Frejlach,
   du di Malke, ich der Mejlech.
   Oj oj, ich alejn
   hob mit majne Ojgn gesejn,
   wi Got hot mir Masliach gewejn.
   ||: Mesinke ojsgegebn. :||

3. Der trajer Feter Josi,
   die gute Mume Sossje
   hobn mir zum Chusnmol
   tajere Wajnen ohn a Zol
   mir geschikt fun Jisroel.
   ||: Mesinke ojsgegebn. :||

4. Motl, Schimon,
   do oreme Laj senen gekumen.
   Schtelt far sej den schejnste Tisch,
   tajere Wajnen, tajere Fisch.
   Oj wej, Tochter, gib mir a Kisch.
   ||: Mesinke ojsgegebn. :||

1. Höher, besser!
   Den Kreis, den Kreis macht größer.
   Groß hat Gott mich gemacht,
   Glück hat er mir gebracht,
   tanzt, Kinder, die ganze Nacht!
   Die Jüngste habe ich weggegeben. *(im Sinne von: verheiratet)*

2. Große Freude,
   du die Königin, ich der König.
   Ach, ich alleine
   habe mit eigenen Augen gesehen,
   wie Gott mir Erfolg gebracht hat.
   Die Jüngste habe ich weggegeben.

3. Der liebe Onkel Joseph,
   die gute Tante Sossje
   haben mir zum Hochzeitsmahl
   teure Weine ohne Zahl
   geschickt aus Israel.
   Die Jüngste habe ich weggegeben.

4. Motl, Schimon,
   die armen Leute sind gekommen.
   Deckt für sie den schönsten Tisch,
   teurer Wein und teure Fische.
   Ach, Tochter, gib mir einen Kuss.
   Die Jüngste habe ich weggegeben.

DI MESINKE

5. Ajsik, Masik,
di Bubbe gejt a Kosik.
Kejn ejn-hore, sejt,
wi si tupet, wi si gejt.
Oj a Simche, oj a Frejd.
‖: Mesinke ojsgegebn. :‖

6. Izik, Schpizik,
wos schweigst du mit dem Schmizik?
Ajf di Klesmer tu a Geschrej!
Si schpiln sej si schlufn sei.
Rajst di Schtrunes ale ojf zwej!
‖: Mesinke ojsgegebn. :‖

5. Ajsik, Masik,
die Großmutter tanzt einen „Kasatschok".
Kein böses Auge soll auf ihr ruhen,
seht nur, wie sie stampft, wie sie tritt.
Oh, ein Fest, oh, eine Freude,
die Jüngste habe ich weggegeben.

6. Izik, Schpizik,
warum schweigst du?
Auf die Musikanten ein Hoch!
Schlafen sie, oder spielen sie?
Reißt die Saiten alle entzwei!
Die Jüngste habe ich weggegeben.

## Die Tanzidee in Kürze

*Dieses war das allererste der Titlá-Stücke, das mir gleich nach dem ersten Anhören in die Beine fuhr! Mit zügigen Schritten „Aufbruch" in Tanzrichtung: Ein „Überschuss-Takt" kommt da gerade gelegen, um die „Kurve zu kriegen" und zurückzutanzen, dahin, wo wir herkamen – solidarisch mit der Mesinke, die an ihrem Hochzeitstag auf der Schwelle zwischen Zukunft und Herkunft hin und her tanzt. Auch wenn der Abschied nicht leicht fällt, die Freude am Feiern und Sich-Treffen im Kreis überwiegt, die fröhliche Musik treibt an und fordert die Aufmerksamkeit heraus: Klingt der letzte Takt eines Durchgangs nun wie „rutsch" oder wie „3x klatschen (stampfen)"?*

© FIDULA · · · · · · · Tanzen mit Titlá · · · · · · · Regula Leupold

# DI MESINKE 1

**Kreistanz** — **Mitmachform**

JES *

Choreographie: Regula Leupold

Aufstellung: geschlossener Kreis

Der Tanz ergab sich aus der Struktur und der Dynamik der Musik wie von selber. Der Liedtext tat das Seine dazu, dass es eine fröhliche Form wurde, die auch in der vereinfachten Variante für Einsteiger und rüstige Senioren Tanzenergie versprüht! Fassung und Mitschwingen der Arme nach Belieben

## Musik- und Tanzschema

| Musik | V | A<br>1. Strophe<br>+ Refrain | B1 | A<br>2. Strophe<br>+ Refrain | B2 | A<br>3. Strophe<br>+ Refrain | B1 | A<br>4. Strophe<br>+ Refrain | B2 | A<br>instr. | B1 | A<br>5. Strophe<br>+ Refrain | B2 | A<br>6. Strophe<br>+ Refrain | B2 | B2 |
|---|---|---|---|---|---|---|---|---|---|---|---|---|---|---|---|---|
| Takt: 4/4 | 4 | 9 | 4 | 9 | 4 | 9 | 4 | 9 | 4 | 9 | 4 | 9 | 4 | 9 | 4 | 4 |
| Tanz | | 1. Mal | mit Stopp | 2. Mal | mit ♫ | 3. Mal | mit Stopp | 4. Mal | mit ♫ | 5. Mal | mit Stopp | 6. Mal | mit ♫ | 7. Mal | mit ♫ | Schluss mit Klatsch |

## Strophe

## Refrain

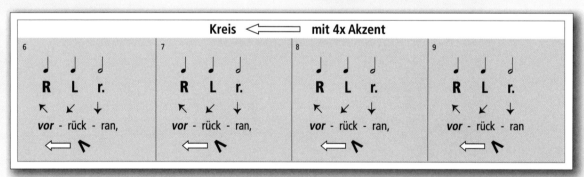

## Instrumentaler Zwischenteil mit „Stopp"

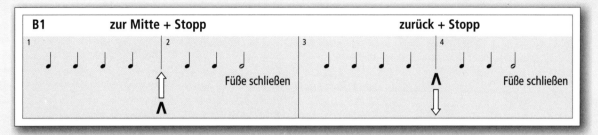

## AWh: Strophe + Refrain wiederholen
## Instrumentaler Zwischenteil mit Klatschen

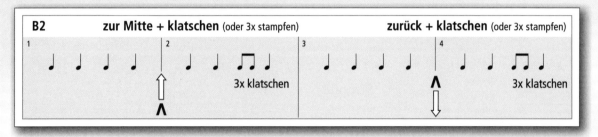

**B2 Schluss:** 4 Schritte zur Mitte, 4 Schritte rückwärts, 8 Schritte zur Mitte, auf den letzten Schritt klatschen

**Einstiegsform/Offenes Tanzen gleich zur Musik:** Während der ersten Durchspiele tanzen wir den ganzen A-Teil mit einfachen Gehschritten nur in Tanzrichtung, dann „fädeln" wir den Refrain ein mit 4 Akzenten am Platz (Alternative zum unten notierten „Grapevine"-Schritt). Zur Mitte und zurück: Es kommt noch nicht darauf an, ob mit dem rechten oder linken Fuß begonnen wird. Nach Lust und Laune: klatschen und/oder stampfen oder in der Mitte stampfen, am Platz klatschen!

**Tanz steigern:** Diese Grundform lässt sich sehr gut mit einer Variante nach der anderen allmählich zur Endfassung weiterentwickeln. Beim Wiedereinstieg kann immer wieder auf eine frühere Fassung zurückgegriffen, dann wieder aufgebaut werden. So gelingt das Lernen wie von selbst.

# DI MESINKE 2

**Kreistanz** — **Endfassung**

JES **

## Musik- und Tanzschema

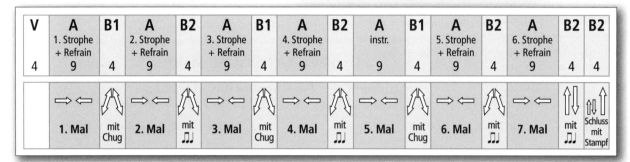

## Strophe

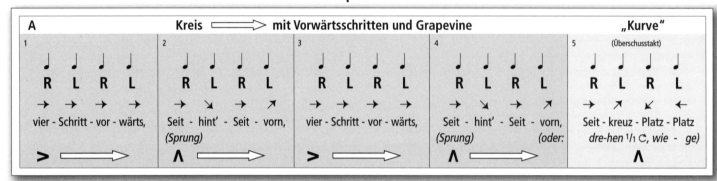

## Refrain

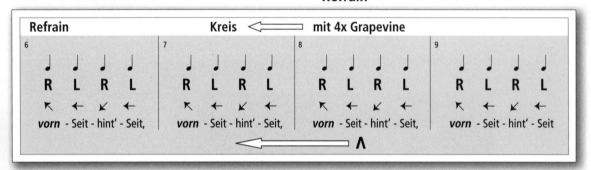

## Instrumentaler Zwischenteil: Zick-Zack mit „Chug"

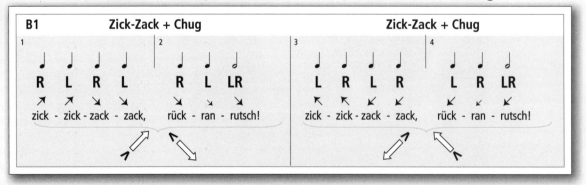

Regula Leupold ········ Tanzen mit Titlá ········ © FIDULA

## AWh: Strophe + Refrain wiederholen
## Instrumentaler Zwischenteil mit Klatschen

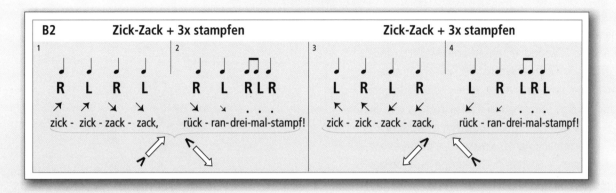

**Grapevine** wird hier in zwei Varianten getanzt: „offen" (= Start mit Seitschritt, A-Teil, Takte 2 und 4) und „geschlossen" (= Start mit Kreuzschritt, A-Teil, Takte 6-9)

**Chug:** hier als Rutscher rückwärts auf beiden Füßen („rutsch")

**„Zick-Zack"** ist einmal als Variante spontan und aus Platzgründen entstanden und eignet sich für kleine oder fortgeschrittene Gruppen. Bei einer größeren Gruppe kann auch die Variante „zur Mitte-zurück" beibehalten werden. Bei „dreimal stampf" stampfen und/oder klatschen.

**Die „Kurve"** kann individuell mal in der einen, mal in der anderen (eingeklammerten) Version getanzt werden.

# SCHERELE

**Musik**

"Scherele" – die Schere – ist ein traditioneller Tanz ostjüdisch-russischen Ursprungs und kam mit Immigranten nach Israel. Gurit Kadman (Gertrud Kaufman-Loewenstein, 1887 geboren in Leipzig) – Choreographin der ersten Stunde – hat einige der heute zum Grundrepertoire gehörenden, inzwischen "traditionellen" israelischen Tänze geschaffen. So wurde auch "Scherele" in der Figurenzusammenstellung von Gurit Kadman ein populärer Tanz. "Scherele" – ein Paartanz, hier in Quadrillen-Form – wurde in Osteuropa zu Hochzeiten, an Festtagen und als Shabbat-Tanz getanzt und umfasste noch weitere Figuren, die von einem Tanzmeister angesagt wurden.

Ob der Tanz ursprünglich als Hochzeitstanz der Schneiderzunft oder auf Grund der Tradition, der Braut die Haare vor der Hochzeit zu schneiden, zu seinem Namen kam oder ob der "scherenartige" Raumweg oder die "scherenartige" Schrittausführung einer ehemaligen Figur oder gar die "Scherele-Figur" die Namensgebung inspirierte, konnte auch Gurit Kadman nicht mit Sicherheit festlegen.

"Scherele" gehört als beliebtes Stück zum Repertoire vieler jüdischer und nicht-jüdischer Klezmer-Bands und Folkgruppen, wird mal in getragenem, mal in rassigem Tempo, mal mit Temposteigerung und in unterschiedlichen Abfolgen gespielt – als Musik zum Tanzen in der Regel instrumental. Es existieren jedoch auch überlieferte Liedtexte zur selben Melodie.

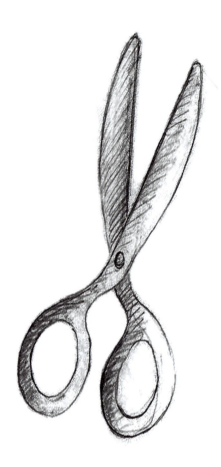

## Die Tanzidee in Kürze: einfache Quadrille

*Ein Festtagstanz, bei dem wir uns sowohl in Eigen- wie in gegenseitigem Respekt üben, aber auch mit einem Augenzwinkern dem Tanzspaß hingeben können!*

*Das lange, getragene Intro lässt einem Zeit, gedanklich in eine festliche Garderobe zu schlüpfen, die anderen Gäste mit einem Blick in die Runde zu honorieren, um dann – Zylinder und Tanzrobe werden noch kurz zurechtgerückt – einander im Kreis die Hände zu reichen und evtl. wartend am Platz hin und her zu wiegen, bis schließlich mit Beginn von Teil A der traditionelle Eröffnungskreis abgeschritten wird: im gediegenen Schrittmaß hin und zurück, die auf Schulterhöhe gefassten Hände – mit leichtem Akzent nach oben – mitfedernd. Aufgepasst – zurück am Platz folgt sogleich die "Zugabe": Dank der zwei zusätzlichen Takte (9 und 10) beehrt man sich zuerst als Nachbarn, dann als Partner mit einer kleinen Exklusiv-Reverenz. Der A-Teil wiederholt sich mit anderen Figuren. Jetzt begegnen sich die Paare in der Mitte zur offiziellen Reverenz: zuerst Paare 1 und 3, anschließend schwungvolle Paardrehung\* für alle, dann Paare 2 und 4 und Paardrehung\* für alle. Und gleich erinnern einen die zwei "Zugabe-Takte" wieder an die nachbarliche und die partnerschaftliche Reverenz.*

*Jetzt folgt im B-Teil das Kernstück des Tanzes, die witzige Scherele-Figur: Wie zwei Katzen, die sich nicht aus den Augen lassen, umtanzen sich in einem großzügigen Bogen zuerst die Herren 1 und 3, dann die Herren 2 und 4, anschließend die Damen 1 und 3 und die Damen 2 und 4. Die anderen warten auf ihren Einsatz: nicht verpassen!*

*Jetzt aber – oh Tempoüberraschung! – gilt es, die gleiche Figurenfolge (allenfalls eine der Varianten) trotz Temposteigerung im zweiten Durchspiel mit Fassung und ohne Stolpern hinzukriegen! Es sei den einzelnen Quadrillen-Gruppen jedoch freigestellt, den ganzen Tanz bis zum Schluss in der anfangs eingenommenen Haltung und Würde durchzuziehen oder dem Tanzübermut seinen Lauf zu lassen, wogegen "Titlá" vermutlich nichts einzuwenden hätten!*

\* Alternative zur Paardrehung: siehe Tanzbeschreibung

# SCHERELE

traditionell

Die Musik auf der CD kann mit oder ohne Vorspiel angewählt werden.

## Musikschema

Der Text, der ursprünglich zu dieser Melodie gesungen wurde, passt so gar nicht zur festlichen Tanzstimmung – wird doch den Brautleuten vorgeworfen, dass sie sich nun mehr oder weniger selbstgewählt dem Joch der Ehe unterwerfen.

„Scherele" ist der einzige Tanz in der „Titlá-Suite", bei dem die vorgestellte Figurenfolge – mit einigen Anpassungen – auf einer überlieferten Choreographie basiert.

In der bekannten überlieferten Tanzfassung umfasst der Tanz drei unterschiedlich getanzte Durchgänge:
AABBC, AABBC, AABBC mit der „Scherele-Figur" (B) als „Refrain":

Die Einspielung von Titlá hat zwei kürzere Durchgänge: AABB (ruhig), AABB (lebhaft), CCCC (Schluss).

 **SCHERELE**

## Tanzvorschläge zu der Einspielung von Titlá

**Als einfache Quadrille** schlage ich vor, zweimal die gleiche Abfolge – entsprechend AB des 1. Durchgangs der überlieferten Form – zu tanzen.
Die Abfolge lässt sich, etwas angepasst, gut auch im großen Kreis einführen.

**Als erweiterte Quadrille** können im zweiten Durchgang – inspiriert vom 2. bzw. 3. Durchgang der überlieferten Form – im A-Teil „Mühlen" oder „Tore" getanzt werden.*

*1. Tor: Paar 1 = ‚Tor hin' (auf den Gegenplatz)*

*2. Tor: Paar 3 = ‚Tor zurück' (auf den eigenen Platz)*

*3. Tor: Paar 2 = ‚Tor hin' (auf den Gegenplatz)*

*4. Tor: Paar 4 = ‚Tor zurück' (auf den eigenen Platz)*

*Vergleiche Reihenfolge in „Toblana Eck": 1. Tor: Paar 1 ‚hin', 2. Tor: Paar 2 ‚hin', 3. Tor: Paar 3 ‚zurück', 4. Tor: Paar 4 ‚zurück'*

---

\* Die Tänze in der ostjüdischen Tradition waren in der Regel Kreis-/Reihentänze, die von Männern und Frauen getrennt getanzt wurden. Paartänze wurden bei den orthodoxen Juden mit einem gefassten Tuch – als Verbindung zwischen Mann und Frau – getanzt, wobei der Blickkontakt möglichst vermieden werden sollte.

„Scher": Die Musik-/Tanzgattung ist auch heute noch als Volkstanz in verschiedenen Volkgruppen Osteuropas anzutreffen.

„Kadril" in der russischen Tanz-Tradition besagt, dass es sich um einen partnerbezogenen Tanz in Gegenüberstellung handelt – seien dies nun zwei Paare oder Trios, die sich auf zwei Reihen gegenüber stehen, oder vier Paare in der klassischen Quadrillen-Aufstellung. Scherele-Figuren-Kombinationen wurden demnach auch in anderen Formationen getanzt.

So ist es denkbar, dass eine in Kontratanz erfahrene Gruppe zu der vorliegenden Einspielung auch eine eigene Figurenfolge in Reihen- oder Quadrillen-Aufstellung zusammenstellt.

# SCHERELE 1

**Quadrille** — **Einfache Version**

JES *

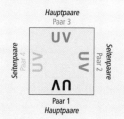

Choreographie: in Anlehnung an die von Gurit Kadman überlieferte Choreographie

Aufstellung: Quadrille (4 Paare bilden ein Viereck)

Stil, Fassung traditionell:

Kreis: Kreis durchgefasst, Hände auf Schulterhöhe (W-Position), Haltung aufrecht, im Kreis federn die gefassten Hände mit – Akzent nach oben.

Zur Mitte: Paare mit offener Fassung, Tänzerinnen freie Hand am Rock, Tänzer in der eigenen Achsel (Daumen in der Armöffnung der Weste eingehängt).

Die Schritte (rechts/links) können, müssen jedoch nicht zwingend festgelegt werden.

## Musik- und Tanzschema

| | | ♩ ruhig | | | | | | ♩ zügig | | | | | | ♩ zügig | | | |
|---|---|---|---|---|---|---|---|---|---|---|---|---|---|---|---|---|---|
| **Musik** Takt: 4/4 | Vorspiel 10 | A 4 | A 4 | 2 | 4 | 4 | 2 | B 4 | B 4 | A 4 | A 4 | 2 | 4 | 4 | 2 | B 4 | B 4 | C 2 | C 2 | C 2 | C 2 2 |
| Zählzeiten/ Schritte | ad libitum z. B. Aufstellung zur Quadrille, Begrüßung, evtl. Wiegen am Platz | 16 ↻ | 16 ↺ | 4+4 2x Reverenz | 16 Paare 1+3 | 16 Paare 2+4 | 4+4 2x Reverenz | 16 ∧1 und ∧3 | 16 ∧2 und ∧4 | 16 ∪1 und ∪3 | 16 ∪2 und ∪4 | 16 wie 1. Durchgang oder Variation | 4+4 2x Reverenz | 16 wie 1. Durchgang oder Variation | 4+4 2x Reverenz | 16 ∧1 und ∧3 | 16 ∧2 und ∧4 | 16 ∪1 und ∪3 | 16 ∪2 und ∪4 | 16 ↻ | 16 ↺ | 8 |
| **Tanz** | | Kreis | | | zur Mitte | | | „Scherele-Figur" | | | | | | | | „Scherele-Figur" | | | | Kreis | | |
| | | 1. Durchgang | | | | | | | 2. Durchgang wie 1. Durchgang oder Variation | | | | | | | | | | | Schluss | | |

© FIDULA — Tanzen mit Titlá — Regula Leupold

# SCHERELE 1

## SCHERELE 1

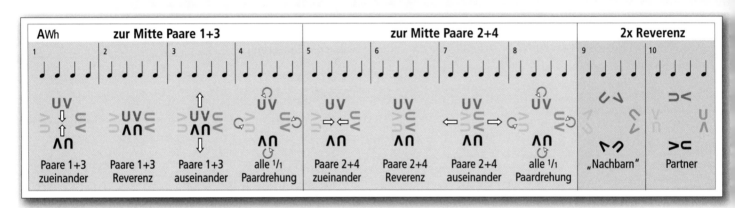

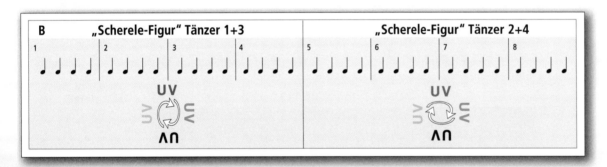

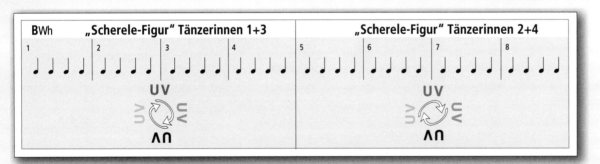

Regula Leupold · Tanzen mit Titlá · © FIDULA

# SCHERELE 2 und 3

**Quadrille-Varianten**

## SCHERELE 2
1. Durchgang wie Scherele 1
2. Durchgang: Variante A-Teil „Mühlen" + „Scherele-Figur"

## SCHERELE 3
1. Durchgang wie Scherele 1
2. Durchgang: Variante A-Teil „Tore" + „Scherele-Figur"

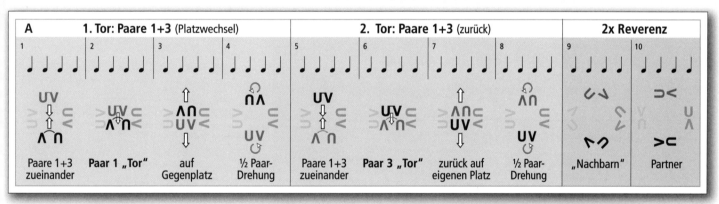

© FIDULA · Tanzen mit Titlá · Regula Leupold

 SCHERELE

## Einstiegsform: als Kreistanz

Die folgenden Übungen dienen dazu, einen ersten Eindruck von der Musik- und Bewegungsstruktur zu erhalten: Die Figuren sind an die oben beschriebenen Quadrillen-Abfolgen angelehnt, mit beliebig vielen Paaren im Kreis.

**Kreistanz entsprechend „Scherele 1"**

Aufstellung: Paare nebeneinander, Front zur Mitte

**A**      Kreis 16 Schritte vorwärts auf der Kreisbahn nach links, 16 Schritte nach rechts, Reverenzen: „Nachbarn", Partner

**A**Wh      Alle (oder alle Paare 1): 4 Schritte zur Mitte, Reverenz zur Mitte, 4 Schritte rückwärts, Reverenz
            Alle (oder alle Paare 2): 4 Schritte zur Mitte, Reverenz zur Mitte, 4 Schritte rückwärts, Reverenz

**B**      Tänzer tanzen mit 16 Schritten zur Mitte, in einem Bogen ½ Drehung und vorwärts zurück an den Platz, umtanzen dabei evtl. auf dem Rückweg die Tänzerin.

**B**Wh      Tänzerinnen tanzen mit 16 Schritten zur Mitte, in einem Bogen ½ Drehung und vorwärts zurück an den Platz, umtanzen dabei evtl. auf dem Rückweg den Tänzer.

**2. Durchgang** wie 1. Durchgang

**Schlusskreis** nach links, nach rechts, Reverenz

**Anregung:** Auch die weiteren Quadrille-Figuren, die in „Scherele" 2 und 3 enthalten sind, lassen sich zu Kreisfiguren und somit zu „Platzhaltern" für spätere, erweiterte Quadrillen-Versionen umgestalten.

*Spielpause? Kurzweilig!*

*Denn es ist stets spannend, dem Tanztreiben zuzuschauen …*

SCHERELE

## Figuren in Scherele 1 bis 3

**„Scherele-Figur":** Die Partner umtanzen einander, großzügig auf längstmöglichem Raumweg, mit ganzer Drehung ↻ , dabei bleibt man einander zugewandt (siehe Illustration auf Seite 119).

**Paardrehung:** Ganze Drehung ↻ Partner nebeneinander, Innenhände gefasst, dabei bewegt sich die Tänzerin mit Vor-, der Tänzer mit Rückwärts-Schritten. Alternative für Anfänger/Senioren: anstelle der ganzen Paardrehung (mit nur 4 Schritten!) im 1. Durchgang z. B. Reverenz zum Vis-à-vis-Paar (gleiche Paardrehung wie bei „Di Grine Kuzine", Seite 44).

**Schlusskreis:** vorwärts auf der Kreisbahn 2x16 zügige Gehschritte ♩

## Figuren in Scherele 2 und 3

**Tor** — Zwei Paare tanzen aufeinander zu: Ein Paar hält die inneren, gefassten Hände hoch, das andere Paar tanzt durch das Tor.

**Stern/Mühle** re ↻ /li ↺ — hier: 4 Tänzer(innen) fassen über Kreuz die rechten/linken Hände und tanzen im/gegen Uhrzeigersinn

### hinweis

Weitere Hilfen zum Quadrillentanzen, z. B. auch zur Frage „Was tun, wenn die Zahl der Mittanzenden nicht aufgeht?", finden Sie in der Tanzbeschreibung zu „Toblana Eck" (siehe S. 25).

*... und dabei mit Schmunzeln festzustellen: Titlá-Musik ist ja „tanz-begabt"!*

# MAZELTOV   Musik

## „MAZELTOV" – „Viel Glück"

Ein traditionelles Klezmer-Stück für alle Lebenslagen, in denen man „Viel Glück" gut gebrauchen kann – z. B. an Hochzeiten: Dabei wird das Können des auftretenden Geigers daran gemessen, wie lange er braucht, um mit seiner „weinenden" Geige der Braut Abschiedstränen zu entlocken … was erfahrungsgemäß nicht so schwierig ist. Gelingt es einem jungen Nachwuchstalent, mit seinem Spiel – die Klezmorim waren traditionell ein „Familienunternehmen" – den Bräutigam oder gar die Eltern und Schwiegereltern zu Tränen zu rühren, war ihm eine Karriere als erfolgreicher Hochzeitsmusiker sicher.

In der Bearbeitung von Titlá wird das Stück mit reizvollen Tempokontrasten gespielt: eine interessante Herausforderung für die Bewegungsgestaltung!

## MAZELTOV

traditionell

### Musikschema

| Musik<br>Takt: 4/4 | A1<br>8 | A'1<br>8 | B1<br>4 | B'1<br>4 | A2<br>8 | A'2<br>8 | B2<br>4 | B'2<br>4 | A1<br>8 | A'2<br>8 | B2<br>4 | B'2<br>4+1 |
|---|---|---|---|---|---|---|---|---|---|---|---|---|
| | 1. Durchgang *langsam bis zügig* | | | | 2. Durchgang *schnell* | | | | 3. Durchgang *langsam bis schnell* | | | |

Regula Leupold ·······  Tanzen mit Titlá  ·······  © FIDULA

MAZELTOV

## Die Tanzidee in Kürze: „Mazeltov" als Einsammel-Schlange*

*Stets willkommen sind Musikstücke, die sich als motivierender Auftakt für Stundenanfänge eignen: „Mazeltov" lädt dazu ein, entsprechend der Temposteigerung mit einfachen Geh-/Wechsel-, Hüpf- oder Laufschritten allmählich in Fahrt zu kommen. So eignet sich die Musik sehr gut dazu, die Teilnehmenden z. B. in Form einer „Einsammel-Schlange" auf die Tanzfläche zu locken. Der Übergang vom schnellen wieder zum langsamen Tempo kann Impuls für einen Richtungswechsel der Schlange/ Spirale – evtl. mit „Umkehrtor" – sein (siehe auch dazu die Hinweise im Anhang, ab S. 126).*

## Die Tanzidee in Kürze: Kreistanz

*Entstanden ist eine kurze, einfache Schrittfolge, die jedoch durch die Temposteigerung zu einem kleinen Bewährungsstück in Sachen Reaktion wird: ein Tanz für anpassungsfähige und wendige Füße! Angefangen mit langsamen Wechselschritten (evtl. begleitet von einem „Brush" zum Auskosten der Musik), einem bodenständig getanzten Chassidischen Nachstellschritt am Platz und ebenso gemütlichen Schritten zur Mitte und zurück, will man sich eben auf ein gemächliches Tanzen einrichten … dann zieht das Tempo an, und wie! Der nun schnelle Wechselschritt bekommt einen Hüpfer, beim Platzmotiv reicht die Zeit nur noch für einen Sprung auf beide Füße, und die Tanzstiefel müssen sich mit einem kurzen Aufstellen der Ferse am Platz begnügen, denn gleich folgen Wechselschritt-Hüpfer zur Mitte und waschechte Reel-Schritte rückwärts, um „just in time" und zurück am Platz von vorne anfangen zu können. Und ist man grad mal in Fahrt gekommen, holt einen die Musik überraschend zurück an den Anfang, um dann das Tempo gleich wieder aufzudrehen und die Tänzer bis zum fulminanten Schluss bei Tempo und Laune zu halten! In diesem Sinne: „Mazeltov!" – auch beim Tanzen!*

*Soeben hat die Fiedel zum Herzerweichen „geweint"…*

*jetzt harrt sie der Wirkung.*

---

\* siehe Stichwort „Einsammel-Schlange" in der „Tanzwerkstatt" (S. 128)

© FIDULA ········ Tanzen mit Titlá ········ Regula Leupold

# MAZELTOV

**Kreistanz** — **einfache Mitmachform**

JES **

Choreographie: Regula Leupold

Aufstellung: Kreis (geschlossen oder offen), beliebig V-Fassung, W-Fassung, evtl. T-Fassung (dann am besten kurze Reihen)

## Musik- und Tanzschema

| Musik Takt: 4/4 | A1 sehr ruhig 4+4 | A'1 ruhig 4+4 | B1 ruhig 4 | B'1 acc. 4 | A2 schnell 4+4 | A'2 schnell 4+4 | B2 schnell 4 | B'2 schnell 4 | A1 langsam 4+4 | A'2 acc. + schnell 4+4 | B2 schnell 4 | B'2 schnell 4+1 |
|---|---|---|---|---|---|---|---|---|---|---|---|---|
| Tanz | 4x ‚langes' Schrittmuster | | 2x zur Mitte | | 4x ‚kurzes' Schrittmuster | | 2x zur Mitte | | 2x ‚langes' Schrittmuster | 2x ‚kurzes' Schrittmuster | 2x zur Mitte | |
| | 1. Durchgang | | | | 2. Durchgang | | | | 3. Durchgang | | | |

### 1. Durchgang: ruhig

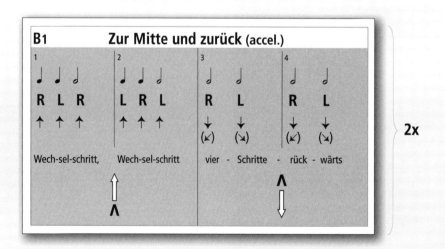

Regula Leupold — Tanzen mit Titlá — © FIDULA

## 2. Durchgang: schnell

## 3. Durchgang: ruhig bis schnell

**A1**, ruhig **Kreis nach rechts** 2x „langes" Schritt-Muster

**A'2**, schnell **Kreis nach rechts** 2x „kurzes" Schritt-Muster

**B2** , **B'2**, schnell **Zur Mitte und zurück** 2x

**Schluss** Schluss-Takt z. B. Reverenz

\* „Brush": mit dem freien Fuß über den Boden wischen (als mögliche, aber nicht zwingende Bewegung auf Zählzeit 4)
\*\* Reel-Schritte rückwärts: „Kreuzschritt-Hopp" hinter vorderem Fuß und dabei rückwärts tanzen

# TUMBALALAIKA — Musik

Ein traditionelles jiddisches Liebeslied, das sowohl zum Schwelgen wie zum Schmunzeln einlädt: Ein junger Mann auf Brautschau will mit gescheiten Fragen die Schönste und Klügste ausfindig machen. Dabei gerät er an eine besonders Gewitzte, die sich nicht nur über ihn lustig macht, sondern ihn mit ihren klugen Antworten gleich vor ein weiteres Rätsel stellt: „Welcher Stein kann denn wachsen ohne Regen?" Ob dieses Rätsel wohl gelöst werden kann? Vielleicht stellt sie ihm mit Absicht ein Rätsel, welches kaum lösbar ist: Will sie ihm damit zu verstehen geben, was sie von seiner dummen Fragerei hält und dass sie seine Absicht durchschaut hat?

## Tumbalalaika

traditionell (jiddisch)

# TUMBALALAIKA

*Wörtliche Übersetzung:*

1. Schtejt a Bocher, schtejt un tracht,
   tracht un tracht a ganze Nacht:
   ‖: wemn zu nemn un nit farschemn,
   wemn zu nemn un nit farschemn. :‖

   Tumbala, tumbala, tumbalalaika …
   spil Balalaika, Tumbalalaika, frejlich soll sain.

2. Mejdl, Mejdl, chwel baj dir frejgn:
   Wos ken waksn, waksn on Regn?
   ‖: Wos ken brenen un nit ojfhern?
   Wos ken benkn, wejnen on Trern? :‖
   Tumbala, tumbala, tumbalalaika …

3. Narischer Bocher, wos darfst du fregn!
   A Schtejn ken waksn, waksn on Regn.
   ‖: Libe ken brenen un nit ojfhern.
   A Harz ken benkn, wejnen on Trern. :‖
   Tumbala, tumbala, tumbalalaika …

1. Da steht ein Bursche, steht und grübelt,
   grübelt und grübelt die ganze Nacht:
   wen zu nehmen und nicht zu beschämen,
   wen zu nehmen und nicht zu beschämen.
   *(dem Sinne nach: welche er nehmen soll,
   ohne es bereuen zu müssen)*

   Tumbala, tumbala, tumbalalaika …
   spiel Balalaika, Tumbalalaika, fröhlich sollst du sein.

2. Mädchen, Mädchen, ich muss dich was fragen:
   Was kann wachsen, wachsen ohne Regen?
   Was kann brennen und nicht aufhören?
   Was kann schlagen/bangen*, weinen ohne Tränen?

3. Dummer Bursche, was stellst du für Fragen!
   Ein Stein kann wachsen, wachsen ohne Regen.
   Liebe kann brennen, ohne aufzuhören.
   Ein Herz kann schlagen/bangen, weinen ohne Tränen.

* „Bangen" hat den gleichen Wortstamm wie „benkn"/„benken" (jiddisch, „schlagen").
Ein schlagendes Herz bedeutet in diesem Zusammenhang im Jiddischen auch ein Herz, welches bangt im Sinne von „sich sehnt".

# TUMBALALAIKA

**Kreistanz** — **Endfassung und Mitmachform**

JES **

Choreographie: Regula Leupold

Aufstellung: geschlossener Kreis

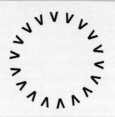

## Musik- und Tanzschema

| | Vorspiel instrumental | | | 1. Strophe vokal | | | Refrain vokal | | | 2. Strophe vokal | | | Refrain vokal | | | Refrain instrumental | | | 3. Strophe vokal | | | Refrain vokal | | | Refrain instrumental | | |
|---|---|---|---|---|---|---|---|---|---|---|---|---|---|---|---|---|---|---|---|---|---|---|---|---|---|---|---|
| | A | B | B′ z | A | B | B′ z | A | B | B′ z | A | B | B′ z | A | B | B′ z | A | B | B′ z | A | B | B′ z | A | B | B′ z | A | B | B′ z |
| **Musik** Takt: 3/4 | 8 | 8 | 8 1 | 8 | 8 | 8 1 | 8 | 8 | 8 1 | 8 | 8 | 8 1 | 8 | 8 | 8 1 | 8 | 8 | 8 1 | 8 | 8 | 8 1 | 8 | 8 | 8 1 | 8 | 8 | 8 1 |
| **Tanz** | | | | 1. Durchgang | | | 2. Durchgang | | | 3. Durchgang | | | 4. Durchgang | | | 5. Durchgang | | | 6. Durchgang | | | 7. Durchgang | | | 8. Durchgang | | |
| **Einfache Fassung** ohne Richtungswechsel | | | | → | ⇑ | ⇑ | → | ⇑ | ⇑ | → | ⇑ | ⇑ | → | ⇑ | ⇑ | → | ⇑ | ⇑ | → | ⇑ | ⇑ | → | ⇑ | ⇑ | → | ⇑ | ⇑ |
| **Endfassung** mit Richtungswechsel | | | | → | ⇑ | ⇑ | ← | ⇑ | ⇑ | → | ⇑ | ⇑ | ← | ⇑ | ⇑ | → | ⇑ | ⇑ | → | ⇑ | ⇑ | ← | ⇑ | ⇑ | → | ⇑ | ⇑ |

## Endfassung

In der Ausführung und der Fassung ist man frei: je nachdem, wie viel Dynamik man in die Bewegung legt.

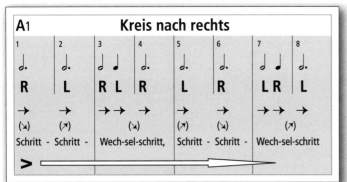

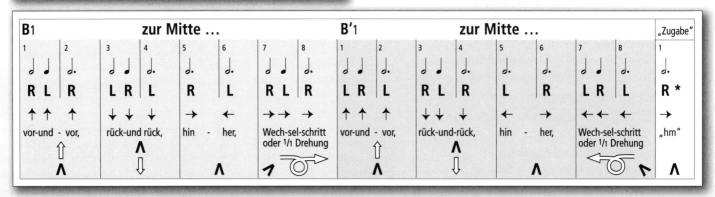

Regula Leupold — Tanzen mit Titli — © FIDULA

# TUMBALALAIKA

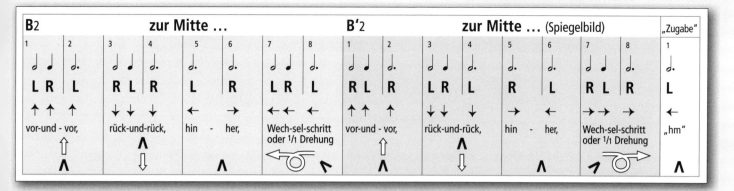

Durchgänge 3 + 4 / 5 + 6 / 7 + 8: jeweils wie 1 + 2

## Mitmachform

| | |
|---|---|
| A, Takte 1-8: | 8 ruhige Gehschritte, evtl. im leichten ‚Zick-Zack' |
| B, Takte 7-8: | anstelle der Drehung: Wechselschritt rechts seitwärts |
| B', Takte 7-8: | anstelle der Drehung: Wechselschritt LRL seitwärts nach links |
| „Zugaben"-Takt (*): | Plié auf beiden Füßen, von vorne (A1, B1), rechter Fuß beginnt, d. h. der Kreis wird der Einfachheit halber stets nach rechts getanzt, auf die „Spiegelbild"-Variante (A2, B2) wird in der Mitmachform noch verzichtet. |

## Die Tanzidee in Kürze

### Endfassung

*Die Bewegungsantwort auf diese gemütsvolle Melodie ließ nicht lange auf sich warten, ergaben sich doch das Schrittmuster „Schritt-Schritt-Wechselschritt", das Wiegen zum Schwungholen und die genussvolle Drehung wie von selber aus dem beschwingten Dreier-Takt. Dabei erhält der Tanz durch den (im Dreier-Takt) etwas verzögerten Wechselschritt eine besondere Note ... als würde man im ersten Teil des Tanzes noch über die gestellten Rätsel nachsinnen, um sich dann – aus Freude über die gelungene Antwort – im zweiten Teil ganz der Musik und dem Schwung hinzugeben!*

*Und – diese Einspielung wartet noch mit einer kleinen Extra-Zugabe auf: Weil nach jedem Durchgang ein Zwischentakt folgt, kann man die Drehung schön mit einem Zurückwiegen ausklingen lassen und hat dabei – oh, Überraschung! – den Fuß gewechselt! Das heißt: Der ganze bereits verinnerlichte Bewegungsablauf fließt nun wie von selbst spiegelbildlich und in entgegengesetzter Richtung aus den Füßen.*

*Je nachdem, ob man die Schritte eher ausgreifend oder verhalten oder im A-Teil sogar leicht im Zick-Zack tanzt, werden die Arme mehr oder weniger mitschwingen, die Hände evtl. bei den Wechselschritten mitkreisen.*

*Da der Melodieverlauf – ob Strophe oder Refrain – im Prinzip derselbe ist, lässt sich dazu, trotz unregelmäßiger Abfolge von Strophe und Refrain, diese regelmäßige Bewegungsfolge tanzen.*

### vereinfachte Mitmachform

*Auch mit nur einfachen federnden Gehschritten im ersten Teil und ohne Drehung im zweiten Teil (ersetzt durch einen Wechselschritt vorwärts) bleibt die Dynamik des Tanzes erhalten. Will man die Überraschung mit dem Fuß- und Richtungswechsel der Einfachheit halber noch aufsparen, bietet sich der Zwischentakt zu einem kurzen Innehalten an: so als möchte man dem soeben Erzählten – z. B. mit einem kleinen Nachfedern, einem Plié auf geschlossenen Füßen – noch etwas Nachdruck verschaffen ... um dann mit dem rechten Fuß wieder in Tanzrichtung zu starten.*

© FIDULA — Tanzen mit Titlá — Regula Leupold

# ZIGAINALIABE — Musik

## Musiktitel: DJINEE TU KOWA ZIRO
„Erinnerst du dich an die Zeit?"

Titi Winterstein (1956-2008) – Komponist und Texter dieses schönen Liedes – war Nachkomme deutscher Sinti*, Jazzmusiker und Geiger, Gründer des Titi-Winterstein-Quintetts und einer der wichtigsten Vertreter des deutschen „Sinti-Swing". Geprägt vom Schicksal seiner Vorfahren, die in Konzentrationslagern umkamen, setzte er sich in der Friedenspolitik ein und wurde u. a. für sein Engagement für die Musik der Roma und Sinti ausgezeichnet.

Egon Kühebacher hat den Liedtext in den Pustertaler Dialekt übertragen. Ebenso gut hätte sich die im Lied besungene Liebesgeschichte am Fuße einer der Alpenübergänge Südtirols – seit jeher Etappenziel vieler Durchreisender – zutragen können. Es ist das Drama des Hausierers, ständig unterwegs und ohne Bleibe, der sich – so könnte man es sich vorstellen – in eine schöne Südtirolerin verliebt:

„Es mocht mo woltan groasn Kummo, op i di siich in nägschtn Summo."
„Es macht mir sehr großen Kummer, ob ich dich seh im nächsten Sommer."

## DJINEE TU KOWA ZIRO
(sprich: „Tschine tu kowa siro")

Musik und Text: Titi Winterstein
Pustertaler Dialektfassung: Egon Kühebacher

Die Musik auf der CD kann mit oder ohne das lange Intro angewählt werden.     hinweis

### Musikschema

| Musik | langes Intro | Vorspann vokal | A 1. Strophe | A 2. Strophe | A 3. Strophe | A 4. Strophe | A' instr. | A' instr. | A 5. Strophe | A 6. Strophe | A 7. Strophe | A' instr. | A' instr. |
|---|---|---|---|---|---|---|---|---|---|---|---|---|---|
| Takt: 4/4 |  | 4 | 8 | 8 | 8 | 8 | 8 | 8 | 8 | 8 | 8 | 8 | 8 |

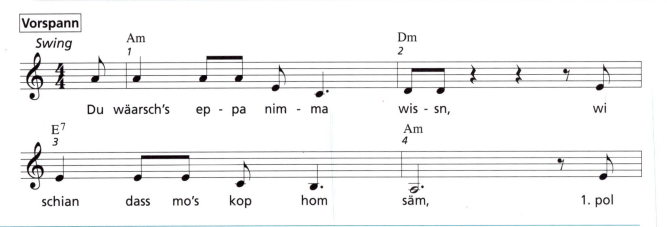

*Vorspann — Swing*

Du wäarsch's ep-pa nim-ma wis-sn, wi schian dass mo's kop hom säm, 1. pol

* deutsche Sinti: eine Untergruppe der Roma, die bereits vor 600 Jahren in die deutschsprachigen Gebiete Europas eingewandert sind

# ZIGAINALIABE

2. Di Gaige hon i gaach fan Wogn
   zin Foire zuicha girtogn.
   Du hosch gilocht mit liabm Gfiil,
   pol i noar drau a Liadl schpiil.

3. Du pisch a piltschians Mensch.
   Des muis man earlich sogn.
   Zigainaliabe obo wäart
   fa daine Elton et fotrogn.

4. Es mocht mo woltan groasn Kummo,
   op i di siich in nägschtn Summo.
   Na, fria will'e zi diar nou kemm,
   des loss i mo fa kaame nemm

5. Titi, sog, wo gäasche hin?
   I hon nicht waitas ma in Sinn
   wi sing unt schpiil unt Musig mochn,
   pis in do Fria pan Foire lochn.

6. Daina Liado well mo sing.
   Kimm, wäar a Zigainarin!
   Säl isch et meiglich, lot enk sogn,
   mai Voto tat me wol doschlogn.

7. Liaba Gitscha, earlich, sog,
   wos tuisch'e denn in gonzn Tog?
   Hausiarn gei'e in den Ploz,
   wo du mi g'haasn hosch „mai Schoz".

*Wörtliche Übersetzung des „Vorspanns":*
Du wirst es etwa nicht mehr wissen,
wie schön wir es damals hatten,

1. als ich dich das erste Mal sah.
   Dieses kurze Weilchen lass ich mir nicht nehmen.
   Neben dem Feuer haben wir gesungen.
   Ich höre noch, wie es geklungen hat.

2. Die Geige hab ich schnell vom Wagen
   zum Feuer hin getragen.
   Du hast mit liebem Gefühl gelächelt,
   als ich darauf ein Lied spielte.

© FIDULA • Tanzen mit Titlá • Regula Leupold

**ZIGAINALIABE 1**

3. Du bist ein bildschönes Mädchen.
   Das muss man ehrlich sagen.
   Zigeunerliebe wird aber
   von deinen Eltern nicht geduldet.

4. Es macht mir sehr großen Kummer,
   ob ich dich seh im nächsten Sommer.
   Nein, früher will ich zu dir kommen,
   das lass ich mir von keinem nehmen.

5. Titi, sag, wo gehst du hin?
   Ich hab nichts anderes mehr im Sinn
   als singen, spielen und Musik machen,
   bis in der Frühe beim Feuer lachen.

6. Deine Lieder wollen wir singen.
   Komm, werde eine Zigeunerin!
   Das ist unmöglich, lasst euch sagen,
   mein Vater würde mich erschlagen.

7. Liebes Mädchen, ehrlich, sag,
   was tust du denn den ganzen Tag?
   Hausieren geh ich an jenen Ort,
   wo du mich „mein Schatz" genannt hast.

„DINEE TU KOWA ZIRO", Musik & Text: Titi Winterstein © 1935 by Summy Birchard Company
© by Hammer Musik GMBH, mit freundlicher Genehmigung von Greenhorn Musikverlag GmbH & Co. KG

## Die Tanzidee in Kürze

*Ein Tanz zu dieser wehmütigen Melodie kann nicht anders als in getragenem Stil übers Parkett fließen: Ob als Kreistanz oder im Paar, stets wird weitergetanzt! Wohl tanzt man mal am Platz hin und her, als sei man unschlüssig, würde am liebsten bleiben und die schöne Musik, die Bewegung, das Zusammentanzen auskosten, doch der Hausierer – und ebenso die Musik und die Schritte – ziehen weiter, seitwärts tanzend: So hat man Anfang und Ziel der „Tanzreise" stets im Blick, schaut mit den abwechselnden Kreuzschritten mal voraus, mal zurück – es sei denn, man hat in der Paarversion nur noch Augen für die Partnerin an der Hand!*

*Denn als Paartanz ist es doppelter Tanzgenuss! Entweder man genießt eine ganze Musik lang die einfache oder anspruchsvollere Figurenfolge mit ein und derselben Partnerin, oder man tanzt in der Mixer-Variante mit jedem Durchgang, nach jeder Begegnung – wie in der Realität des Hausierer-Alltags – ein Haus, ein Dorf weiter …*

*Appetit auf eine kleine rhythmische Herausforderung? Die Endform wartet noch mit einem reizvoll „widerstrebenden" Schrittmuster auf: Ich konnte das Experiment nicht lassen, dem behäbig fließenden 4/4-Takt an einer Stelle zwei „Ungerade" entgegenzusetzen. So werden die Tanzfüße in den Takten 3-4 bzw. 5-6 mit einem Gegenakzent herausgefordert: Nach zwei schwelgerischen Walzerschritten parallel zum 4/4-Takt geht es schwungvoll weiter, denn es bleiben somit nur noch zwei Schritte für die halbe Drehung bzw. den Platzwechsel übrig. Über diese Akzentverschiebung – für Osteuropa nicht ungewöhnlich – tanzen wir gelassen und mit Stil hinweg, sie wird uns nicht aus der Tanzbahn werfen, denn am Schluss geht die Rechnung ja doch wieder auf: 3 plus 3 plus 2 ergibt ja bekanntlich auch 8!*

Bei der folgenden Tanzbeschreibung wurde ausnahmsweise die „Tanzspur" der Tänzerin farbig markiert, damit der Leser sich bei dieser Abfolge mit Platzwechsel besser orientieren kann. Die Position des Betrachters bleibt unten, d. h. außerhalb des Kreises. Trotzdem kann man sich gerne in die Rolle des Tänzers bzw. der Tänzerin versetzen und die Buchseite um 180 Grad drehen, um die Richtungspfeile mal aus der Sicht des „Platzwechselnden" zu verfolgen. Zudem: Die Schritte der Tänzerin dienen als Vorlage für die einfache Einstiegsform ohne Partner im großen Kreis (siehe Seite 77).

# ZIGAINALIABE 1 einfacher Paartanz/Mixer

JES **

Choreographie: Regula Leupold

Aufstellung: Paare im Kreis, offene Fassung (innere Hände gefasst);
Einstiegsform als Kreistanz: siehe Seite 77

Intro: Zum Beispiel solo frei im Raum, Partnerwahl, Paare begrüßen sich, muss nicht „im Takt" sein!

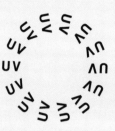

## Musik- und Tanzschema

| Musik | langes Intro | Vorspann vokal | A 1. Strophe | A 2. Strophe | A 3. Strophe | A 4. Strophe | A' instr. | A' instr. | A 5. Strophe | A 6. Strophe | A 7. Strophe | A' instr. | A' instr. |
|---|---|---|---|---|---|---|---|---|---|---|---|---|---|
| Takt: 4/4 | | 4 | 8 | 8 | 8 | 8 | 8 | 8 | 8 | 8 | 8 | 8 | 8 |
| Tanz | z. B. frei im Raum | Prom. 16 Schr. | 1. Mal | 2. Mal | 3. Mal | 4. Mal | 5. Mal | 6. Mal | 7. Mal | 8. Mal | 9. Mal | 10. Mal | 11. Mal |

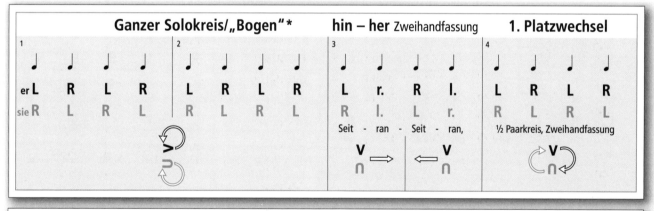

### einfacher Paartanz oder Mixer

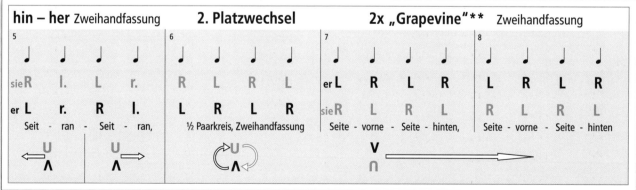

*/** siehe S. 77

# ZIGAINALIABE 2

**Endform Paartanz/Mixer**

JES ***

Musik- und Tanzschema, Vorschlag Intro, Vorspann: siehe „einfacher Paartanz/Mixer"

## Endform Paartanz oder Mixer

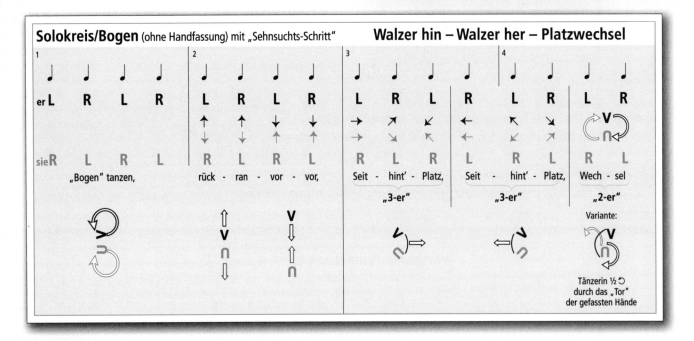

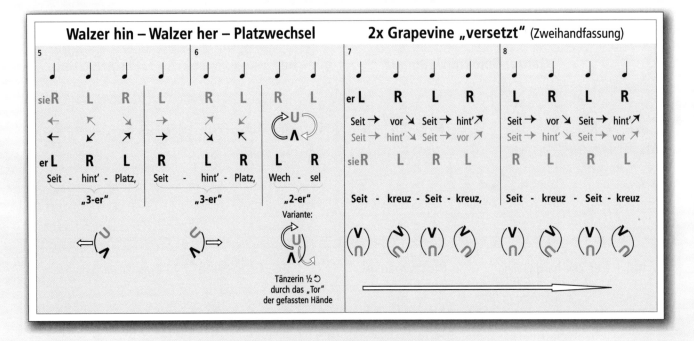

Regula Leupold ······· Tanzen mit Titlá ······· © FIDULA

ZIGAINALIABE 2

## Ein Tanz mit Variationsmöglichkeiten

**Alternative Takt 1-2 (*)** z. B. für Anfänger-/Senioren-Gruppe:
Die Partner stehen sich gegenüber und tanzen 4 Schritte rückwärts auseinander und anschließend 4 Schritte vorwärts zueinander.

**Grapevine (**)** ad libitum: Beide Partner beginnen „Seite-hinten" oder „Seite-vorne" (Spiegelbild) oder „versetzt", d. h. beispielsweise beginnt die Tänzerin mit „Seite-hinten", der Tänzer jedoch mit „Seite-vorne" (siehe Endform). Dadurch entsteht eine schöne Bewegung als Paar, indem man jetzt den Körper beim Grapevine-Tanzen noch ausgeprägter mitdreht, so dass die Tänzerin vom Gefühl her fast wie „rück-rück-vor-vor", der Tänzer hingegen gleichzeitig „vor-vor-rück-rück" tanzt: Die Zweihandfassung unterstützt – mit etwas Zug drauf – diese Drehbewegung. Grapevine-Varianten siehe auch im Anhang, Seite 126.

**als Mixer** (erst ab 2. Durchgang, d. h. 1. Durchgang noch mit 1. Partner)

**Partnerwechsel Variante 1: „auseinander-zueinander"** (einfacher)
Takt 1-2: 4 Schritte auseinander, 4 Schritte schräg rechts zum neuen Partner

**Partnerwechsel Variante 2: Solokreis/„Bogen"**
Takt 1-2: Die Tänzer tanzen einen größeren Bogen bis zur nächst-hinteren Partnerin.

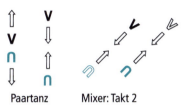

**Walzerschritt am Platz:** Zweihandfassung, wobei jeweils die „innere" Hand gefasst bleibt, während sich die „äußere" zeitweise löst, so dass man sich beim „Kreuzschritt hinten" etwas voneinander wegwendet

*Grapevine „versetzt"*

## Einstiegsform als einfacher Kreistanz

Ausgehend vom einfachen Paartanz eignet sich die Schrittabfolge der Tänzerin als Kreistanz. Dabei werden die Schritte so angepasst, dass man stets mit Front zur Mitte tanzen kann:

**Vorspann**
Takt 1-4    16 Schritte im gefassten Kreis vorwärts auf der Kreisbahn in Tanzrichtung

**Tanz**
Takt 1-2    wie im Original Solokreis oder Alternative: 4 Schritte rückwärts und 4 Schritte vorwärts
Takt 3      wie im Original „hin-her"
Takt 4      4 Schritte zur Mitte RLRL
Takt 5      wie Takt 3 „hin-her" mit Blick zur Mitte
Takt 6      4 Schritte rückwärts an den Platz RLRL
Takt 7-8    wie im Original

## Weiterführender Kreistanz

Als „Platzhalter" für den späteren Platzwechsel können in Takt 4 und 6 ½ Solodrehungen getanzt werden, d. h. Takt 5 wird mit Blick nach außen getanzt. Entsprechend lässt sich auch die Endform als Kreistanz tanzen.

# ’S GAISTL

**Musik**

## Musiktitel: ’S INNOFELDMANDL

„JO MAI, JO MAI!"

Eine herrlich skurrile Geschichte, ein originelles Stück – Text von Egon Kühebacher und Musik von Toni Taschler – basierend auf einer Legende aus Südtirol, die bei den älteren Leuten der Region immer noch präsent ist: Das „Innofeldmandl" – im irdischen Leben ein Wilderer – verbüßt nach seinem Tode sein Unrecht als Geist, der nicht zur Ruhe kommt. Das „Gaistl" weiß seine missliche Lage jedoch ganz gut umzumünzen, indem es weiterhin den Jägern ins Handwerk pfuscht und ihnen die Beute aus den Fallen stiehlt. Die Jäger können nach erfolgloser Suche nur noch „schwitzn und fluichn", während sich das „Gaistl" ins „Faischtl" lacht und sich an einem feinen Braten gütlich tut.

### ’S INNOFELDMANDL

Musik: Toni Taschler
Text: Egon Kühebacher

### Musikschema

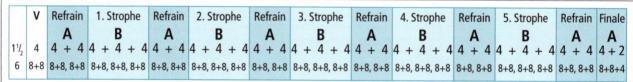

'S GAISTL

aus-gi-durrts Gaisch-tl unt nog af an Paa - ne, do huckt gonz vo-schteckt af an mou-si-gn Staa - ne an aus-gi-durrts Gaisch-tl unt nog af an Paa - ne.

Jo mai, jo mai …

1. Gonz glaim pa di Knottn in Tirnle Tole,
   do woxn di Zettn fofilzt in an Drole,
   ‖: do huckt gonz vosteckt af an mousign Staane
   an ausgidurrts Gaischtl unt nog af an Paane. :‖

Jo mai, jo mai …

2. A Gamsl ot's gfocht, a laibigis Peckl,
   ins Schlagl ischs ingong pan zirban Schteckl.
   ‖: Jatz raäschtits af gliantign Foire unt protit,
   des Pratl, denkt's Gaischtl, haint gonz guit girotit. :‖

Jo mai, jo mai …

3. Di Jaga fan Tole tian longe schon suichn
   des laibige Peckl unt schwitzn unt fluichn.
   ‖: Es isch nimma do, unt wäär ot's giwildort,
   so häart man sä goschn, dass'z funkazt unt hildort. :‖

Jo mai, jo mai …

4. Unt olba af's Noie a Peckl voschwintit,
   do Aufsea schnüfflt, suicht umma unt schintit.
   ‖: Man häart decht kan Schuss, gonz schtat isch's in Gaie,
   und dechto voschwintn di Gams noch do Raie. :‖

Jo mai, jo mai …

5. Gonz obm in an Ribbl huckt's zaundurre Gaischtl,
   es nog af sain Pratl unt locht se ins Faischtl.
   ‖: Gonz hamla unt une Pixnknolle
   hong morgn schon di negschte Gams in do Folle. :‖

Jo mai, jo mai …

*Wörtliche Übersetzung:*

Jo mai, jo mai …

1. Ganz nah an den Felsen im Tirndeltale,
   da wachsen die Legföhren verfilzt in einem Knäuel,
   da hockt ganz versteckt auf einem moosigen Stein
   ein ausgedörrtes Geistlein und nagt an einem Knochen.

Jo mai, jo mai …

2. Eine Gämse hat es gefangen, ein dickes Böcklein,
   in die Falle ist es gegangen beim Strunk der Zirbelkiefer.
   Jetzt röstet es dies auf glühendem Feuer und brät es,
   dieser Braten, denkt das Geistlein, ist heut ganz gut geraten.

Jo mai, jo mai …

3. Die Jäger vom Tale suchen schon lange
   dieses dicke Böcklein und schwitzen und fluchen.
   Es ist nicht mehr da, und wer hat's gewildert,
   so hört man sie schimpfen, dass es funkt und wiederhallt.

Jo mai, jo mai …

4. Und immer wieder aufs Neue verschwindet ein Böcklein,
   der Jagdaufseher schnüffelt, sucht herum und schindet sich ab.
   Man hört doch keinen Schuss, ganz still ist's im Gelände,
   und trotzdem verschwinden die Gämsen der Reihe nach.

Jo mai, jo mai …

5. Ganz oben unter den Felsen hockt das zaundürre Geistlein,
   es nagt an seinem Braten und lacht sich ins Fäustchen.
   Ganz heimlich und ohne Büchsengeknalle
   hängt morgen schon die nächste Gämse in der Falle.

Jo mai, jo mai …

© FIDULA · Tanzen mit Titlá · Regula Leupold

# 'S GAISTL

**Kreistanz** — **Mitmach-Tanz**

KJES *

## Die Tanzidee in Kürze: Einfacher Kreistanz

*Mit Witz und Tanz lässt sich dieser etwas unheimlichen Musik am besten begegnen: Indem wir etwas zusammenrücken, uns im engen Kreis unterhaken und sie mit ganz einfachen Schritten „bannen". Sogar Tanzskeptiker bestätigen, dass der Tanz an sich ungefährlich und vom Fleck weg tanzbar ist! Der Tanz lebt nur von den zwei universellen Kreismotiven „zur Mitte – zurück" und „Fortbewegung" auf der Kreislinie: Wiegen vor-rück, Wechselschritt zur Mitte, wiegen rück-vor, Wechselschritt zurück ... Singt man den Refrain „Jo mai, jo mai" mit, ist man garantiert im Takt! Anschließend nimmt die Geschichte Strophe für Strophe ihren Fortgang und wir bewegen uns – ganz in der Tradition der alten Balladentänze – auf der Kreislinie fort, hier mit einem repetitiven Muster aus Seitnachstellschritten im Wechsel mit Wiegen „hin-her". Halten wir es mit dem Gaistl oder mit den Jagdaufsehern? Wohl eher solidarisch mit dem gewitzten Gaistl zeigen wir, wie gut wir die Sache im Griff haben, indem wir die gefassten Hände betont mittanzen lassen: beim Vor-rück-Tanzen mit „stoßen-ziehen-kreisen" bzw. „ziehen-stoßen-kreisen", beim Seitwärts-Tanzen mit „Scheibenwischer hin-her", ganz im Takt der mal schnellen, mal langsamen Füße.*

*Gut möglich, dass das Lied vom Gaistl zum Tanzgerücht, wenn nicht sogar zum Tanzhit irgendwo zwischen Tradition und modernem Gemeinschaftstanz wird, hat es doch inzwischen schon einige Male Tanzfans aus ganz unterschiedlichen Lagern – und sogar Tanzskeptiker – zum gemeinsamen Tanzen verführt: „Oh mai, oh mai", so kann es einem ergehen, wenn man dem Tanzgeist auf den Leim geht!*

Choreographie: Regula Leupold

Aufstellung: geschlossener oder offener Kreis oder Schlange frei im Raum oder kurze Reihen frei im Raum, die z. B. einander gegenüber tanzen

Fassung: Unterarme waagerecht, Ellenbogen der Nachbarn untergehakt (links über rechts oder der Größe entsprechend), Hände gefasst (siehe Zeichnung auf S. 81)

### Musik- und Tanzschema

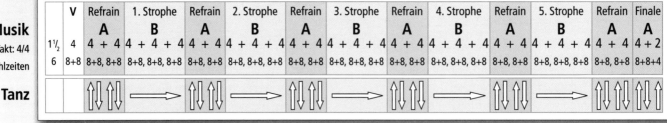

Vorspiel (V): Warten oder „Eintanzen" – d. h. bereits 1x „zur Mitte und zurück" tanzen

'S GAISTL

**Arme im A-Teil**

Bewegung zur Mitte: Beim Wiegen schwingen die Arme in der angewinkelten Position vor und zurück („stoßen-ziehen"), beim Wechselschritt vorwärts führen die gefassten Hände/Unterarme in der gleichen Position einen kleinen Kreis nach vorne (über unten) aus.

Entsprechend beim Zurücktanzen: Die Arme schwingen beim Wiegen zurück und vor („ziehen-stoßen") und führen beim Wechselschritt rückwärts einen kleinen Kreis über unten (zum Körper hin) aus.

**Arme im B-Teil**

**Einfache Version:** Die Hände werden bei den Seit-Nachstellschritten tief gehalten.

**Variante „Scheibenwischer einfach":** Mit dem Schritt rechts seitwärts schwingen die waagerechten Unterarme nach rechts, mit dem Nachstellschritt links schwingen die Unterarme nach links. Beim Wiegen schwingen die Arme im halben Tempo rechts/links.

**Variante „Scheibenwischer plus Zick-Zack":** Beim Wiegen nach rechts werden die Arme zuerst nach vorne gestoßen/gestreckt („Zick"), dann wieder angewinkelt („Zack"), Hände enden etwas nach rechts verschoben. Gegengleich wiegen nach links. Als „Zugabe" kann der Oberkörper sich beim „Zick-Zack" nach rechts bzw. links mit verschieben, was der Bewegung einen etwas „eckigen" Stil verleiht.

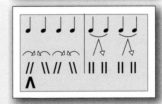

*parallele Linien (Arme) und Pfeile von oben betrachtet*

© FIDULA · · · · · · · · Tanzen mit Titlá · · · · · · · · Regula Leupold

# DI WILDE FOORE — Musik

„Di Wilde Foore" geht auf Mythen zurück, die sich rings um das Dolomitengebiet spannen. Früher waren die Berge eine feindliche und bedrohliche Welt. Waren Menschen oder Tiere nach einem Berggewitter zu Schaden gekommen oder verschollen, steckte sicher die „Wilde Foore" dahinter: das wilde Hexen-Fuhrwerk, welches bei Blitz und Donner, von feurigem Pferdegespann gezogen, um die Berghänge flitzte! Die Redewendung „… sonst holt dich ‚Di wilde Foore'!" diente in der Region seit jeher dazu, Kinder und Jugendliche zu disziplinieren.

Zum dramatischen Gedicht von Egon Kühebacher hat Toni Taschler ein herrlich witziges, dynamisches Stück komponiert, zu dem man das Tanzen einfach nicht lassen kann! Alle sind herzlich eingeladen, gemeinsam die Gewitterstimmung mit einem feurigen Tanz – mit Spaß, einer Portion Fantasie und einem Augenzwinkern – zu vertreiben!

## DI WILDE FOORE

Musik: Toni Taschler
Text: Egon Kühebacher

### Musikschema

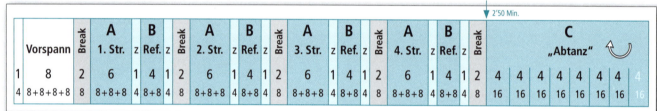

# DI WILDE FOORE

Wal-do gratsch-n, die Knott-n kroch-n, häar-sche di Hex-n pan Ton-ze loch-n?

**Refrain**

Fa ol - la Gaisch - to unt päa - sn Lait fo - schoan ins do Herr in Ea - wi - kait.

2. Di Hexnross mit gliantige Schwaafe
traibm a wildis foirigs Giraafe,
ungitribm fan Gaaslgschnelle
fliagn Funkn fa zihintoscht do Helle.
Hexn schraidn – iaz gaant la fescht ochn,
haint musz orntlich plizn unt krochn.

Fa olla Gaischto unt päasn Lait
foschoan ins do Herr in Eawikait.

3. Di Wintspraut saust afn gräaschtn Gaule,
psundos in lune um Päato unt Paule,
wuilt mit taiflischn Geploose
Grabm au in schianscht Groose.
Hittn leg sä oo unt Haiso,
Schintl fliagn manondo wia Raiso.

Fa olla Gaischto unt päasn Lait
foschoan ins do Herr in Eawikait.

4. Di wilde Foore, s wilde Giriite,
raist mit iardo Hexarai mitä,
olls, a des, wos fescht gipuntn,
kliap sogor di fainschtn Luntn.
Maant do wo des sain la Winte?
Ea wo a Hexngschintä.

Fa olla Gaischto unt päasn Lait
foschoan ins do Herr in Eawikait.

*Der Kontrast macht's:*

*…wallende Nebel…*

*Wörtliche Übersetzung:*

*…und zuckende Blitze!*

1. Die wilde Foore, der wilde Ritt,
Schauer im Haar, Blitze im Schoß,
siehst du Hexen rundherum sausen,
Donnergroll vom Gselle *(Name eines Berges)* her,
Wälder knarren und die Berge krachen,
hörst du die Hexen beim Tanze lachen?

Von allen Geistern und bösen Leuten
verschon uns der Herr in Ewigkeit.

2. Die Hexenrosse mit glühenden Schweifen
treiben eine wilde fahrige Rauferei,
angetrieben von Peitschengeknalle
fliegen Funken wie ganz hinten in der Hölle.
Hexen schreien – jetzt saust nur fest hinunter,
heute muss es ordentlich blitzen und krachen.

Von allen Geistern und bösen Leuten
verschon uns der Herr in Ewigkeit.

© FIDULA · Tanzen mit Titlá · Regula Leupold

# DI WILDE FOORE

„… haint musz orntlich plizn unt krochn."

3. Die Windsbraut saust auf dem größten Gaul,
besonders im Juni und um Peter und Paul
*(um das Fest von Peter und Paul, 29. Juni),*
wühlt mit heftigem Gebläse
Graben auf im schönsten Gras.
Hütten werden zerstört und Häuser,
Schindeln fliegen herum wie Zweige.

Von allen Geistern und bösen Leuten
verschon uns der Herr in Ewigkeit.

4. Die wilde Foore, der wilde Ritt,
reißt alles mit ihrer Hexerei mit,
alles, auch das, was festgebunden,
spaltet sogar die feinsten Ritzen.
Meint ihr etwa, das sind die Winde?
Eher wohl das Hexentreiben.

Von allen Geistern und bösen Leuten
verschon uns der Herr in Ewigkeit.

Hier der dramaturgische Ablauf schon mal vorweggenommen, damit sich die Leser überlegen können, ob sie es wagen wollen, sich auf diesen Tanz-Exkurs einzulassen:

## Die Tanzidee in Kürze

**Mitmachform „Solotanz frei im Raum" oder Kreistanz**
*Nach einer Einleitung – deren Töne einem kalt den Rücken runterrieseln – startet die Hexen-Disco passend mit einem coolen „Disco-Schritt", gefolgt vom Gerücht „hast gehört – hast gehört?", welches Nachbarn/Passanten zugeraunt wird, um alle vorzuwarnen, dass die „wilde Foore" im Anzug ist … und schon hat's geblitzt! … und die Nebel wallen um die Bergspitzen, hüllen dich und mich ein, und/oder wir zeichnen beschwörende „Achten" in den Wolkenhimmel, um „in alle Ewigkeit" vor dem Gewitter der „wilden Foore" gefeit zu sein … und schon blitzt es ein zweites Mal! Dann, zum Abgesang im Morgengrauen, verziehen sich die Geister und die Tänzer in einem schlangenmäßigen „Abtanz" …*

**Endform als Solotanz, Linedance oder Kreistanz ohne/ mit Partner**
*Ein spannendes Musikstück – ein Tanz mit Spannung! Wem es beim Tanzen ganz allein frei im Raum etwas ungemütlich werde sollte, dem wird empfohlen, die Bewegungsfolge in der Gruppe als Linedance, Kreistanz oder mit Partner zu tanzen.*
*Nach Einleitung und Break tanzen wir mit drei ausgreifenden „Vier-Ecken" um die Bergspitzen – und schon blitzt es ein erstes Mal: blitzartige Drehung mit Klatsch! Dann folgen zwei schöne, langgezogene „Achten" mit den Füßen getanzt – und noch ein Blitz! Beim gemeinsamen „Abtanz" wird zwischendurch schnell über die rechte Schulter gespäht, um sich zu vergewissern, dass …*

# DI WILDE FOORE 1

**Solotanz frei im Raum oder Kreistanz** — **Mitmachform**

*KJES \**

Choreographie: Regula Leupold

Aufstellung: frei im Raum oder im Kreis, keine Fassung

## Musik- und Tanzschema

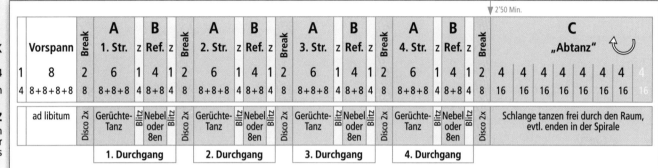

### Break — 2x Platzmuster à la Disco

R L R L   R L R L
↑ ↓ ·     ↑ ↓ ·
vor-Platz-rück-Platz, vor-Platz-rück-Platz

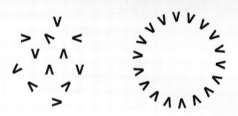

**Strophe**
kreuz und quer frei im Raum, solo oder im Kreis,
auf Rechts/Links – außer beim Break – kommt es noch nicht an!

### Strophe

A: zur Mitte – „Gerücht" – nach außen – „Gerücht" – zur Mitte – „Gerücht" – Zwischenspiel „Blitz"!

„Hast gehört, hast gehört?" zum einen, zum anderen Nachbarn
1x „Platzmuster" oder Solodrehung

### Refrain — Improvisation

B: Nebel oder „Achten" – Zwischenspiel „Blitz"!

Improvisation am Platz oder solo bzw. mit Zufalls-Partner(n) frei im Raum:
mit den Händen und Armen wallende Nebel darstellen, einander „einnebeln"
oder „Achten" in die Luft zeichnen

1x „Platzmuster" oder Solodrehung

### „Abtanz" gemeinsam

C: Schlange

Gehschritte im offenen Kreis, Hände gefasst, Anführer(in) am linken Ende,
z. B. Spiralform zur Mitte tanzen

8 x

Abgesehen vom „Abtanz" am Schluss werden alle Teile ohne Handfassung getanzt.

© FIDULA — Tanzen mit Titlá — Regula Leupold

# DI WILDE FOORE 2

**Solotanz / Linedance/Kreistanz ohne oder mit Partner** — **Endfassung** — KJES ***

## Musik- und Tanzschema

⬇ 2'50 Min.

| Musik | Vorspann | Break | A 1. Str. | B Ref. | z | Break | A 2. Str. | B Ref. | z | Break | A 3. Str. | B Ref. | z | Break | A 4. Str. | B Ref. | z | Break | C „Abtanz" Schlange: offener Kreis zur Spirale | | | | | | | |
|---|---|---|---|---|---|---|---|---|---|---|---|---|---|---|---|---|---|---|---|---|---|---|---|---|---|---|
| Takt: 4/4 | 8 | 2 | 6 | 4 | 1 | 2 | 6 | 4 | 1 | 2 | 6 | 4 | 1 | 2 | 6 | 4 | 1 | 2 | 4 | 4 | 4 | 4 | 4 | 4 | 4 | 4 |
| Zählzeiten | 8+8+8+8 | 4 | 8+8+8 | 8+8 | 4 | 8 | 8+8+8 | 8+8 | 4 | 8 | 8+8+8 | 8+8 | 4 | 8 | 8+8+8 | 8+8 | 4 | 8 | 16 | 16 | 16 | 16 | 16 | 16 | 16 | 16 |
| Tanz | ad libitum z. B. Platzmuster | Disco 2x | 3x Viereck | Blitz 2x 8en ∞ ∞ | Blitz | Disco 2x | 3x Viereck | Blitz 2x 8en ∞ ∞ | Blitz | Disco 2x | 3x Viereck | Blitz 2x 8en ∞ ∞ | Blitz | Disco 2x | 3x Viereck | Blitz 2x 8en ∞ ∞ | Blitz | Disco 2x | 1.x | 2.x | 3.x | 4.x | 5.x | 6.x | *7.x | 8.x |
| | | | **1. Durchgang** | | | | **2. Durchgang** | | | | **3. Durchgang** | | | | **4. Durchgang** | | | | | | | | | | | |

### Break
**2x Platzmuster à la Disco**

vor-Platz-rück-Platz, vor-Platz-rück-Platz

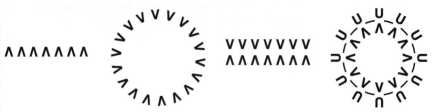

**Strophe**
kreuz und quer, frei im Raum solo oder im Kreis,
auf Rechts/Links (außer beim Break) kommt es noch nicht an

## A

### Strophe

**1. Viereck** — **2. Viereck** — **3. Viereck** — Zwischenspiel **„Blitz"!** (1 Platzmuster mit Drehung)

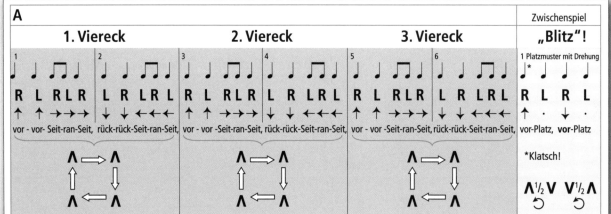

vor - vor - Seit-ran-Seit, rück-rück-Seit-ran-Seit, vor - vor -Seit-ran-Seit, rück-rück-Seit-ran-Seit, vor - vor -Seit-ran-Seit, rück-rück-Seit-ran-Seit, vor-Platz, **vor**-Platz

*Klatsch!

## B

### Refrain

**1. „Acht"** — **2. „Acht"** — Zwischenspiel **„Blitz"!**

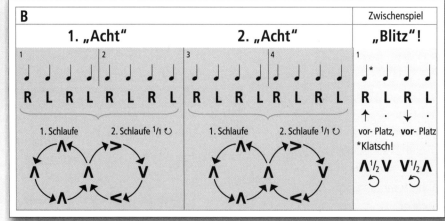

1. Schlaufe — 2. Schlaufe ¹/₁ ↻ — 1. Schlaufe — 2. Schlaufe ¹/₁ ↻ — vor- Platz, **vor**- Platz
*Klatsch!

Regula Leupold · Tanzen mit Titlá · © FIDULA

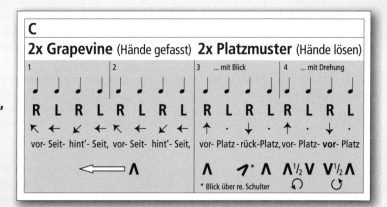

*Trotz heißestem Tag des Jahres „wetter-hexten" die Tanzleute mit Spaß und vollem Einsatz!
Resultat: Die ersehnte Abkühlung folgte mit „Plitz unt Kroch" am Tag darauf…*

# DI WILDE FOORE 2

## Einführungen und Alternativen

### „Platzmuster"
Vorstellungshilfe „Tanzen auf der Türschwelle" (bei zweifelhaftem Wetter), L Fuß bleibt auf der Schwelle:
1) R Schritt vorsetzen (vors Haus), dabei die Körperfront gerne ein wenig schräg nach links wenden
2) Gewicht zurück auf L
3) R Schritt zurücksetzen (ins Haus)
4) Gewicht zurück auf L

### „Blitz"
**vereinfacht:** wie Platzmuster ohne Drehung (Break) oder mit Drehung als kleiner Kreis ↻ mit 4 Schritten R-L-R-L
**Endfassung:** wie Platzmuster mit ganzer Drehung ↻, z. B. im Kreis:
**R** Schritt vor (zur Mitte), dabei drehen auf beiden Füßen (½ Drehung), Gewicht zurück auf L (bleibt am Platz)
**R** Schritt vor (nach außen), dabei drehen auf beiden Füßen (½ Drehung), Gewicht zurück auf L (bleibt am Platz)

### „Acht" ∞
**Einführung:** Nachdem die liegende Acht mit der Hand in die Luft „gezeichnet" wurde, kommen jetzt die Füße dran!
Die „Acht" zum Vorzeigen z. B. mit einem Seil auf dem Boden auslegen und den Raumweg mit Vorwärtsschritten abschreiten: zuerst linke Schlaufe, dann rechte Schlaufe.
**vereinfacht:** jede Schlaufe als kleiner Kreis (ganze Drehung) mit 4 Schritten „der Nase nach" tanzen
**Endfassung:** evtl. zum Vorzeigen mit farbigen Klebestreifen die Mitte und jeweils drei Eckpunkte pro Schlaufe markieren
1. Schlaufe *ohne* Frontveränderung, Start auf dem Mittelpunkt mit Gewicht auf L Fuß:
Schritt **R** ↖ gekreuzt, Schritt **L** ↙ schräg seitwärts, Schritt **R** ↘ schräg seitwärts, Schritt **L** ↗ gekreuzt (= Mitte)
2. Schlaufe *mit* Frontveränderung: 4 Schritte **R-L-R-L** vorwärts „der Nase nach" einen kleinen Kreis tanzen

### „Abtanz"
Beim Tanz frei im Raum oder im Paar werden die ersten Takte dazu verwendet, um sich im offenen Kreis „einzufädeln".
**vereinfacht:** fortlaufend Grapevine oder 2x Grapevine im Wechsel mit 2x Platzmuster oder in der Mitmachform einfache Gehschritte
**Endfassung:** Takte 1-2: Grapevine im Stil weich, fließend getanzt
Takt 3: beim Blick über die rechte Schulter rasche Körperwendung (⅛ Drehung) nach außen und zurück, Handfassung lösen

### Paartanz
Frei im Raum oder auf zwei Linien, beide beginnen R (gegengleich).
**Break:**     vis-à-vis tanzen
**„Viereck":** wie Dos-à-Dos (siehe S. 119) umeinander tanzen
**„Blitz":**   beim ersten Schritt „Klatsch" in die rechte Hand des Partners
**„Achter":**  vis-à-vis tanzen

### Kreismixer mit Partnerwechsel
Mit jedem Viereck einen Partner weiter tanzen („Ursprungspartner" = 1. Partner):
jeweils mit großem Wechselschritt links seitwärts zum nächsten: zum 2., 3., 4. Partner = neuer Partner („Blitz!")

### Erinnerungsstütze zur Abfolge
- 4 Tanzdurchgänge mit Breaks (2x Platzmuster) dazwischen
- Die „Acht" wird stets von einem „Blitz" davor und danach „umrahmt".

### Zielgruppen
In einer etwas angepassten Endfassung kann der Tanz auch mit einer rüstigen Seniorengruppe und mit tanzerfahrenen, älteren Grundschulkindern getanzt werden. Bei den Kindern bewährt es sich, wenn platzgebundene Bewegungsmuster und Fortbewegung, festgelegte Teile (z. B. Vierecke) und frei zu gestaltende Teile (z. B. Nebel) sich ergänzen.

# SCHIARAZULA MARAZULA Musik

Die bekannte fröhliche Musik „Schiarazula Marazula" (ausgesprochen „Skiaratsula Maratsula") des italienischen Komponisten Giorgio Mainerio (1578) stellt in Kombination mit dem neukomponierten ruhigen Improvisationsteil von Bruno Toller und in der Einspielung von Titlá eine besonders reizvolle Aufforderung zum Tanz dar.

## SCHIARAZULA MARAZULA

A-Teile: Bruno Toller
B- und C-Teil: Giorgio Mainerio (1578)

### Musikschema

| Musik<br>Takt: 4/4<br>Zählzeiten | ruhig, rhythmisch frei gespielt | lebhaft | | | | ruhig, rhythmisch frei gespielt | lebhaft, schneller werdend | | | | | |
|---|---|---|---|---|---|---|---|---|---|---|---|---|
| | A1 | B<br>4<br>16 | C<br>4<br>16 | B<br>4<br>16 | C<br>4<br>16 | A2 | B<br>4<br>16 | C<br>4<br>16 | B<br>4<br>16 | C<br>4<br>16 | B<br>4<br>16 | C<br>4<16 |

# SCHIARAZULA MARAZULA 1

**Grundform:** „Kaleidoskop" im großen Kreis  
KJES *

## Die Tanzidee in Kürze

*Die Musik lädt dazu ein, zuerst einmal ganz unvoreingenommen zu improvisieren und sich von den Bewegungsantworten überraschen zu lassen!*

*Der erste Teil der Musik inspirierte mich beim ersten Anhören spontan zu ruhigen, spiegelbildlich geführten Gesten mit Händen, Fingern, Armen. Bald übertrug sich der Impuls auf den ganzen Körper, die Bewegungen wurden großräumiger, wieder kleinräumiger, je nach Dynamik in der Musik. Dieser Teil der Musik hat für mich fast etwas Intimes, In-sich-Gekehrtes und lässt einen genussvoll – und frei von festgelegten Tempi und Rhythmen – improvisieren ... bis „Schiarazula Marazula" einen mit einem witzigen Auftakt, der drei Anläufe nimmt (man spürt förmlich das Augenzwinkern der Musikanten!), in die Welt der ordnenden Metren und Rhythmen zurückholt: Raumweg, Länge der Abschnitte, Richtungswechsel scheinen in der Musik schon angelegt, bald nimmt ein einfacher Tanz im Stil einer höfischen Branle\* mit dem typischen Platzmuster „Double-Double-Simple-Simple-Double" Form an. Doch kaum habe ich meine Füße der musikalischen Form entsprechend geordnet, folgt wieder der erste Teil und macht alle ordnende Struktur vergessen. Diesmal sind aber meine Füße auf den Übergang mit dem Auftakt gefasst, zügig geht's jetzt im Kreis – natürlich zuerst nach links wie in den alten Tänzen von damals. Zum Schluss gewinnt „Schiarazula Marazula" an Tempo, an höfische Haltung ist nicht mehr zu denken, übermütige Lauf- oder Hüpfschritte bilden das Finale des Tanzes.*

*Jetzt fehlen nur noch die Mittanzenden, denn ein Kreistanz macht erst als Gruppe richtig Spaß!*

Hiermit ist meine Tanzsammlung um eine interessante Musik und eine vielseitige Tanzform reicher geworden, denn es ergänzen sich hier für mich zwei verschiedene „Tanz-Erfahrungen" in einem Tanz: Sowohl dem individuellen Improvisieren wie dem Aufgehobensein in einer gemeinsamen Struktur wird Rechnung getragen. Ein Tanz, der die Lust auf gegensätzliche Bewegungserfahrungen wecken will!

Choreographie: Regula Leupold

Aufstellung: Kreis, A-Teil keine Fassung, B-Teil Hände gefasst

### Musik- und Tanzschema

| | *ruhig, rhythmisch frei gespielt* | *lebhaft* | | | | *ruhig, rhythmisch frei gespielt* | *lebhaft, schneller werdend* | | | | | |
|---|---|---|---|---|---|---|---|---|---|---|---|---|
| **Musik** Takt: 4/4 Zählzeiten | A1 | B 4 16 | C 4 16 | B 4 16 | C 4 16 | A2 | B 4 16 | C 4 16 | B 4 16 | C 4 16 | B 4 16 | C 4 16 |
| **Tanz** | „Kaleidoskop" alle imitieren den „Leader" | Kreis ⇐ | Platz ⇔ | Kreis ⇒ | Platz ⇔ | „Kaleidoskop" alle imitieren den „Leader" | Kreis ⇐ | Platz ⇔ | Kreis ⇒ | Platz ⇔ | Mitte ⇅ | Mitte ⇅ |
| | Paar-Improvisation | Kreistanz | | | | Paar-Improvisation | Kreistanz | | | | Schluss | |
| | 1. Durchgang | | | | | 2. Durchgang | | | | | | |

---

\* „Branles" sind historische Reigentänze und wurden in allen Bevölkerungsschichten getanzt. Erste schriftliche Aufzeichnungen finden sich im 16. Jahrhundert, u. a. in der „Orchésographie" (1589) von Thoinot Arbeau. Die höfischen Branles – Haupt-Tanzrichtung damals im Uhrzeigersinn – wurden gerne von einer wichtigen Persönlichkeit aus der Aristokratie oder des Klerus angeführt. Ein Hauptmotiv der Branles – sozusagen als Kontrast zur Fortbewegung auf der Kreislinie – sind die Seitschritte „hin-her" am Platz. Charakteristisch sind Kombinationen von Doubles (2 Seitschritte / 4 Zählzeiten) und Simples (1 Seitschritt / 2 Zählzeiten). Durch das typische Hin-her-Wiegen kam die Tanzform zu ihrem Namen – „branler" (franz.) bedeutet: sich im Sinne des Tanzes hin und her bewegen, wackeln/wiegen.

# SCHIARAZULA MARAZULA 1

## A    Improvisation „Kaleidoskop"

### Spontan-Improvisation mit der ganzen Gruppe

Alle stehen im Kreis und imitieren die Bewegungen des „Leaders", der sich ebenfalls auf der Kreislinie befindet: Mit ruhigen Gesten, die alle gleichzeitig nachvollziehen können, entsteht aus den in den Raum gezeichneten Linien für den Betrachter ein großes gemeinsames „Kaleidoskop". Für den Einstieg ist das Imitieren einfacher, wenn der „Leader" sich (in Bezug auf die Kreismitte) auf „strahlenförmige", zentralsymmetrische Bewegungen beschränkt, d. h. die eigenen Hände/Arme gleichzeitig und spiegelbildlich führt: vom Körper weg, zum Körper hin, hoch/tief, zur Mitte hin / nach außen … dabei kann der Kreis auch mit Schritten zur Mitte und nach außen verengt/vergrößert werden. Sind die Tanzenden gut aufeinander eingespielt, kann man die Aufgabe steigern, indem man auch parallele/gegengleiche Bewegungen, seitliche Verschiebungen auf der Kreislinie und Drehungen mit einbezieht: womit wir über das klassische Kaleidoskop-Prinzip hinausgehen und das Spiel mit den Bewegungssymmetrien im Sinne eines Mandalas erweitert haben.

### „Kaleidoskop" mit fortlaufendem Führungswechsel (Tipp: kurze Bewegungssequenzen!)

Das Anführen der Bewegung wird nach einer vorher ausgemachten Spielregel fließend weitergegeben, z. B.:
- Die Tanzleitung fordert mit Blick/Geste den nächsten „Leader" auf.
- Der jeweilige „Leader" fordert den Nachbarn als Nachfolger auf.
- Eine vorher ausgemachte Arm-/Handposition gilt als Signal für den Führungswechsel.

### Kreistanz (Hände gefasst)

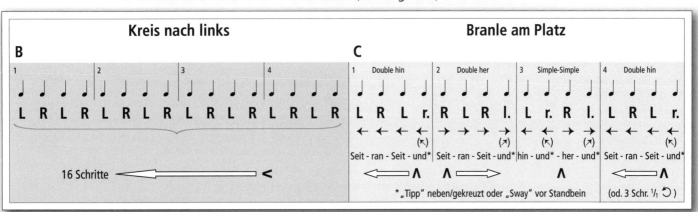

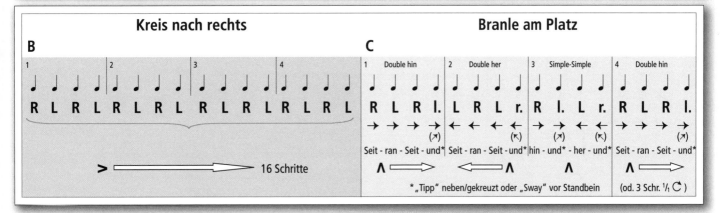

**Vereinfachter Kreistanz** für Einstieg bzw. jüngere Kinder: 32 Schritte nach links, 32 Schritte zurück nach rechts (ohne Branle)

### Vorschläge für den Schluss
- 2x „zur Mitte und zurück", jeweils 8 Schritte vorwärts und rückwärts, Reverenz
- oder 8 Schritte vorwärts zur Mitte, 8 Schritte rückwärts zurück, 4 Schritte zur Mitte, 4 Schritte zurück, 8 Schritte zur Mitte, Reverenz
- oder 8 Schritte vorwärts zur Mitte, „Double hin – Double her" am Platz, 8 Schritte zurück, „Double hin – Double her" (oder Simple-Simple und Solodrehung) und Reverenz am Platz

# SCHIARAZULA MARAZULA 2

**Paarform in zwei konzentrischen Kreisen** — KJES**

## Musik- und Tanzschema

| Musik<br>Takt: 4/4<br>Zählzeiten | ruhig, rhythmisch frei gespielt | lebhaft | | | | ruhig, rhythmisch frei gespielt | lebhaft, schneller werdend | | | | | |
|---|---|---|---|---|---|---|---|---|---|---|---|---|
| | A1 | B<br>4<br>16 | C<br>4<br>16 | B<br>4<br>16 | C<br>4<br>16 | A2 | B<br>4<br>16 | C<br>4<br>16 | B<br>4<br>16 | C<br>4<br>16 | B<br>4<br>16 | C<br>4<br>16 |
| **Tanz**<br>mit Partner | Partner **1** (Innenkreis)<br>führt Improvisation an | Kreise ⇄ | Platz ⇄ | Kreise ⇄ | Platz ⇄ | Partner **2** (Innenkreis)<br>führt Improvisation an | Kreise ⇄ | Platz ⇄ | Kreise ⇄ | Platz ⇄ | z. B.<br>Paar<br>↻(↺) | z. B.<br>Mitte<br>↕ |
| | Paar-Improvisation | Kreistanz | | | | Paar-Improvisation | Kreistanz | | | | Schluss | |
| | 1. Durchgang | | | | | 2. Durchgang | | | | | | |

### A  Paar-Improvisation: „Uni sono" oder „Frage-Antwort"

Die „Leader" (alle Tänzer im Innenkreis) führen mit Geste oder Ganzkörperbewegung die Paar-Improvisation an: In der einfachsten Version wird der Partner (Außenkreis) spontan und simultan als „Spiegel"* oder „Schatten"* des Partners reagieren.

**„Frage-Antwort-Spiel"** (kurze Sequenzen!) als weiterführende Variante: Im Anschluss an die „Bewegungs-Frage" des „Leaders" antwortet der Partner mit einer freigewählten, im Stil entsprechenden oder kontrastierenden Bewegung.

### Kreistanz (Hände im Innen-/Außenkreis gefasst)

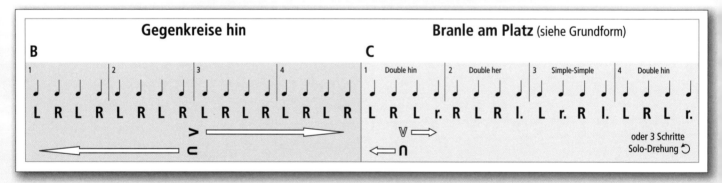

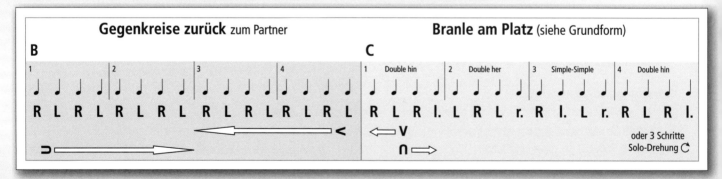

# SCHIARAZULA MARAZULA 2

*Einander zum Tanzen verführen*

**Rollenwechsel:**
- kurz rechte Hand fassen, Platzwechsel am Anfang von **A2** (oder im letzten Takt des zweiten C-Teils)
- **Improvisation** (Partner 2, jetzt im Innenkreis, führt an) und Kreistanz in der neuen Position wiederholen

**Schluss** – z. B. Paardrehung: Die „Inneren" tanzen den „Äußeren" entgegen, Paardrehung auf der äußeren Kreisbahn (einhaken oder Zweihandfassung) mit 8 ↻+ 8 ↺ Schritten, die Partner enden nebeneinander im großen Kreis: Alle tanzen „zur Mitte und zurück" mit 8+8 Schritten, Reverenz.

\* **„Spiegel" oder „Schatten"?** Bereits mit Grundschulkindern macht es Spaß herauszufinden, ob etwaige Vor-Rückbewegungen vom gegenüberstehenden Partner als „Spiegel" (zu-/auseinander) oder „Schatten" (miteinander) dargestellt werden.

# SCHIARAZULA MARAZULA 3

**Blumentanz oder Kerzentanz** — KJES *∙**

Sowohl die Kreistanz- wie die Paartanz-Version kann mit selbstgewählten Varianten als Kerzentanz angepasst werden. Zur Einführung – und z. B. mit jüngeren Kindern – kann die Abfolge auch mit einem farbigen Tuch oder einer selbstgebastelten Papier-Blume in der Hand als „Blumentanz" getanzt werden.

## Einfache Spielform für Paare frei im Raum

**Improvisation**  Partner einander gegenüber: Partner/Kerze 1 führt Partner/Kerze 2 mit ruhigen Bewegungen

**Kreistanz**  Tanzen zu zweit ad libitum um die zwei auf den Boden gesetzten Kerzen, von vorne mit Rollenwechsel

## Kerzentanz im großen Kreis (entsprechend „Schiarazula Marazula 1")

**Improvisation**  Entsprechend der Grundform führt der „Leader" das große „Kerzen-Kaleidoskop" an.

**Kreistanz**  Je nach Alter und Anzahl der Tanzenden und je nach Platzverhältnissen wird man – inspiriert von der Grundform „Schiarazula Marazula 1" – die Bewegungsmuster etwas anpassen müssen.
Mit Kindern und in jenen Varianten, da die Kerze in der Hand mitgeführt wird, lässt man evtl. (z. B. in der Einführungsphase) die Branle-Schritte weg und tanzt dafür im Kreis 32 Schritte hin, 32 Schritte zurück.

**Beim Tanzen mit Kindern** werden die Kerzen am Ende des Improvisations-Teils in einem etwas engeren Kreis auf den Boden gestellt, d. h. der Kreistanz hin und zurück wird um den Kerzenkreis herum getanzt. Schön ist es, wenn die Kinder ihren Kerzenbecher mit transparentem Papier beklebt haben und so ihre Kerze leicht wiedererkennen.

**Mit Jugendlichen/Erwachsenen** kann die Kerze beim Kreistanz mitgeführt werden, z. B. in der rechten Hand, ohne/mit Handfassung, evtl. Kleinfingerfassung.

**Variante im Flankenkreis**, ohne Fassung oder freie Hand auf der Schulter des Nachbarn: Die Kerzen werden je nach Absprache mit der inneren oder äußeren Hand gehalten und strahlen somit (bei Handwechsel) stets Richtung Kreismitte (für die Tanzenden) bzw. nach außen zum Publikum hin. Ohne Handwechsel wird die Kerze mal innen/mal außen mitgeführt.

**Variante mit/ohne Kerze in der Hand:** Die Kerzen werden beim Kreistanz im ersten Durchgang in der Hand mitgeführt, im zweiten, lebhafteren Durchgang am Ende des A-Teils in den inneren Kreis auf den Boden gesetzt, und der Kreistanz wird um die stehenden Kerzen getanzt.

**Schluss**  Insbesondere bei den Varianten, in denen die Kerzen erst zum Schluss in einen inneren Kreis auf den Boden gesetzt werden, muss man sich der Situation anpassen: Es kann sein, dass Platz und Musik nur noch für ein paar Schritte zueinander und Reverenz reichen; wichtig ist, dass die Kerzen mit Sorgfalt abgestellt werden.

## Kerzentanz in zwei konzentrischen Kreisen (entsprechend „Schiarazula Marazula 2")

Ausgehend vom Kerzentanz im großen Kreis kann auch die Paarform in zwei konzentrischen Kreisen mit Kerzen getanzt werden. Außenkreis ohne Fassung, damit es genügend Zwischenraum zwischen den Kreisen gibt.

**Schluss**  Die Partner stellen ihre Kerzen nebeneinander in den Zwischenraum zwischen den beiden Kreisen. Alle tanzen zurück auf ihren Platz im Innen-/Außenkreis, evtl. nochmals zueinander/zum Kerzenkreis, Reverenz.

# SCHIARAZULA MARAZULA 4

**Tanz durchs Kaleidoskop betrachtet**

Ist der Ablauf von Musik und Tanz vertraut, wird es zum Erlebnis, sich bei folgender Variante mitten in das Tanzgeschehen zu stellen und sich mit dem Blick durch ein „richtiges" Kaleidoskop überraschen zu lassen, welch reizvolle – und unterschiedliche – bewegte Mandalas die Solo-Improvisation und der Kreistanz mit den vorbeiziehenden Tänzer(inne)n hervorzaubern!

Die „Beobachter" mit Kaleidoskop stellen sich mit Blick nach außen in den Innenkreis, die Tanzleute – mit etwas Abstand, Partner mit Kaleidoskop vis-à-vis – in den Außenkreis:

**Improvisation** Die Tanzleute „zaubern" Bewegungsbilder: mit klein-/großräumigen, ruhigen/lebhaften Gesten/Ganzkörperbewegungen tanzen sie am Platz oder auf den Partner zu bzw. von ihm weg.

**Kreistanz** Der Außenkreis tanzt entsprechend Grundform hin und zurück, die „Beobachter" betrachten die Vorbeiziehenden durchs Kaleidoskop … erkennen sie den Partner wieder?
**Rollenwechsel** = Platzwechsel und Übergabe des Kaleidoskops am Anfang von **A2**

**Improvisation** und **Kreistanz** in der neuen Position und mit vertauschen Rollen wiederholen

**Schluss** z. B. Paardrehung/Handtour, indem beide mit der rechten/linken Hand das Kaleidoskop umfassen

*Tanz durchs Kaleidoskop betrachtet*

# SCHIARAZULA MARAZULA 4

**Kerzentanz durchs Kaleidoskop betrachtet** (entsprechend „Schiarazula Marazula 3")

**Improvisation** Mit ruhigen Bewegungen zeichnet die Kerze Lichtspuren, die sich durch das Kaleidoskop zu bewegten Sternbildern vervielfältigen.

**Kreistanz** In zwei konzentrischen Kreisen. Ob die Kerzen als „Kerzenkreis" zwischen die Kreise auf den Boden gesetzt werden und die Vorbeitanzenden beleuchten oder ob die in den Händen gehaltenen Kerzen wie Sternschnuppen vorbeiziehen: Beide Bilder haben ihren Reiz!

**Schluss** Die Partner stellen ihre Kerzen bzw. legen die Kaleidoskope nebeneinander in den Zwischenraum zwischen den beiden Kreisen. Alle tanzen zurück auf ihren Platz im Innen-/Außenkreis, evtl. nochmals zueinander/zum Kerzenkreis, Reverenz.

## hinweis

Wie farbenfroh Kaleidoskope sein können, sieht man nicht nur auf dem Foto auf der zweiten Umschlagseite, sondern auch in einem kleinen Videofilm, der unter *www.fidula.de* (bitte dazu die Artikelbeschreibung des Buches „Tanzen mit Titlá" anklicken) heruntergeladen werden kann: Der Film zeigt Tanzbewegungen aus „Schiarazula Marazula" aus der Perspektive eines Kaleidoskopbetrachters (siehe auch Foto rechts: spontan mit einem Handy am Tanzfest in Freiburg i. Br. aufgenommene Videosequenz).

*Bezugsadressen Kaleidoskope*
(Foto auf zweiter Umschlagseite: mit Kugellinse, Länge: 22,5 cm, Durchmesser: 3,7 cm)

*Schweiz:* „DrachenNäscht", Rathausgasse 52, CH-3011 Bern
0041 - (0)31 - 311 26 57, dn@fatamorgana.ch, www.fatamorgana.ch

*Deutschland:* Kaleido Productions (Online-Shop)
Wessobrunnerstr. 4, D-82131 Gauting
0049 - (0)89 - 9544 1590, g.schoell@kaleidoskope.org, www.kaleidoskope.org
Video über den Kaleidoskopbauer Günther Schöll auf o.g. Homepage

Ich bin mir bewusst, dass in dieser Musik noch weitere Bewegungsantworten schlummern:
- Die ausgewählten Choreographievorschläge sind – da wandelbar und damit auf verschiedene Zielgruppen übertragbar – auch als Anregung für eigene Interpretationen gedacht.
- Auch eine überlieferte Form (siehe z. B. im Internet unter *www.youtube.com/watch?v=mXhE1jzP-rE*) bietet sich für den zweiten Teil von „Schiarazula Marazula" an.
- Es ist auch denkbar, den zweiten Teil von „Schiarazula Marazula" nach dem „2+1"-Muster – ein klassisches Branle-Muster – fortlaufend nach links zu tanzen. Dieses einfache Muster ist auch bekannt als „Hora-Schritt"/Hora-Prinzip (siehe spezielle Schrittmuster, Seite 125).

1 Double L „hin" + 1 Simple R „her"

# VALENTINS WIEGENLIED

Musik

## Musiktitel: VALENTIN

Dieses Wiegenlied erinnert, auch wenn der Komponist dies vielleicht nicht beabsichtigt hat, an das bekannte deutschsprachige Volkslied „Maikäfer, flieg!" – ein Lied, dessen Ursprung gerne mit dem 30-jährigen Krieg in Verbindung gebracht wird und welches schon viele Umdichtungen erfahren hat. Diese wohl jüngste Neudichtung ins Pustertalerische stammt vom Jazzmusiker Berni Brugger, der seine neu komponierte Fassung anlässlich eines Kindergeburtstages dem kleinen Valentin gewidmet hat. Die Einspielung von Titlá bietet sich als Ausklang nach einer intensiven Tanzrunde an. Entstanden ist ein einfacher schöner Schluss- und Abendtanz: eine Mitmach-Version mit weiterführenden Varianten.

## VALENTIN

Musik und Text: Berni Brugger

### Musikschema

| Musik<br>Takt: 3/4 | Vorspiel<br>instr.<br>16 | A<br>1. Strophe<br>16 | B<br>instr.<br>16 | A<br>2. Strophe<br>16 | B<br>instr.<br>16 | A<br>3. Strophe<br>16 | B<br>instr.<br>16 | A<br>4. Strophe<br>16 | B<br>instr.<br>16 | A<br>5. Strophe<br>16 | B<br>instr.<br>16 |

## VALENTINS WIEGENLIED 1

*Wörtliche Übersetzung:*

1. Schlof, Kindl, schlof,
   weg isch do Voto, wo sein die Schof?
   Et eppa im Pommerland,
   des isch jo ogipronnt.

1. Schlaf, Kindlein, schlaf,
   weg ist der Vater, wo sind die Schaf?
   Etwa im Pommerland,
   welches ist abgebrannt.

2. Nutz, brav, sei nutz,
   soffl klan und soffl an Trutz,
   schun soffl groaß und rund
   und no an Lulla in Mund.

2. Sei brav, sei brav,
   so klein und so ein Trotzkopf,
   schon so groß und rund
   und noch immer einen Schnuller im Mund.

3. Schau, Valentin, schau,
   aus an Madl werd a Frau,
   aus an Biabl a Monn,
   und meischtns fennse noar zomm.

3. Schau, Valentin, schau,
   aus einem Mädchen wird eine Frau,
   aus einem Bub wird ein Mann,
   und meistens finden sie zusammen.

4. Los, Kindl, los,
   dasse wochsn hearsch is Gros.
   Horsch, wie die Vegl sing
   und wia die Stimm erkling.

4. Lausch, Kindlein, lausch,
   dass du wachsen hörst das Gras.
   Lausch, wie die Vögel singen
   und wie die Stimmen erklingen.

5. Tram, Biabl, tram,
   bisse omb bisch afn Bam,
   und nur tram weite, Bui,
   es isch nichts houch ginui.

5. Träum, Bübchen, träum,
   bis du oben bist auf dem Baum,
   und nachher träum weiter, Bub,
   nichts ist hoch genug.

## Die Tanzidee in Kürze

*In diesem ruhigen Dreiertakt scheint der Schritt-Rhythmus ♩. ♩. ♩♩♩ schon angelegt. Daraus ergibt sich „Schritt-Schritt-Wech-sel-schritt" und – passend für ein Wiegenlied – die Variante „Wiege-wiege-Wechsel-schritt". Erstaunlich, was mit nur diesen zwei Schrittmustern an Kombinationen möglich ist! Das liegt auch daran, dass in der – zwar kurzen – Abfolge von nur fünf Schritten ein Fußwechsel enthalten ist, was stets interessante Gestaltungsmöglichkeiten nach sich zieht.\**

*Das Besondere und Reizvolle an diesem Schrittmuster im Dreiertakt – genau genommen müsste der Sprechrhythmus heißen „länger-länger-lang-kurz-länger" – liegt im „verzögerten" Wechselschritt (3 Schritte)* **„lang-kurz-länger"**. *Im Vergleich zum gängigen, geradtaktigen Pendant „kurz-kurz-lang" (z. B. ♩♩♩) will der Wechselschritt im Dreiertakt mit etwas Gespür für die kleine Verzögerung (1. Schritt) getanzt sein: Da kommt einem die Tatsache, dass Kinder die Bettzeit gerne auch mal hinaus-***zögern**, *als Eselsbrücke gerade gelegen!*

*Kein Wunder, dass Eltern seit jeher Wiegenlieder zu Hilfe nehmen, wenn ihr Nachwuchs wieder einmal die Bettzeit hinaus-***zögern** *will! Wie wär's einmal mit einem getanzten Wiegenlied, bei dem das Kleine im Arm gehalten wird? Dies beruhigt nicht nur das Kind, auch Eltern und Großeltern fällt es so leichter, vom Tag in die Nacht hinüber-zu-***wechseln**: *Schritt***wechsel**-, *Front***wechsel**- *und Platz***wechsel**-*Motive lassen grüßen!*
*Auf eine gute Nacht nach dem Tanzen!*

---

\* siehe auch „Tumbalalaika" (S. 68)

# VALENTINS WIEGENLIED 1

"Der kurze Tanz" — einfacher Kreistanz

Choreographie: Regula Leupold

Aufstellung: geschlossener Kreis

## Musik- und Tanzschema „Kurzer Tanz"

| Musik<br>Takt: 3/4 | Vorspiel<br>instr.<br>16 | A<br>1. Strophe<br>16 | B<br>instr.<br>16 | A<br>2. Strophe<br>16 | B<br>instr.<br>16 | A<br>3. Strophe<br>16 | B<br>instr.<br>16 | A<br>4. Strophe<br>16 | B<br>instr.<br>16 | A<br>5. Strophe<br>16 | B<br>instr.<br>16 |
|---|---|---|---|---|---|---|---|---|---|---|---|
| Tanz | | 1. Mal | 2. Mal | 3. Mal | 4. Mal | 5. Mal | 6. Mal | 7. Mal | 8. Mal | 9. Mal | 10. Mal |

### Kreistanz – Grundform

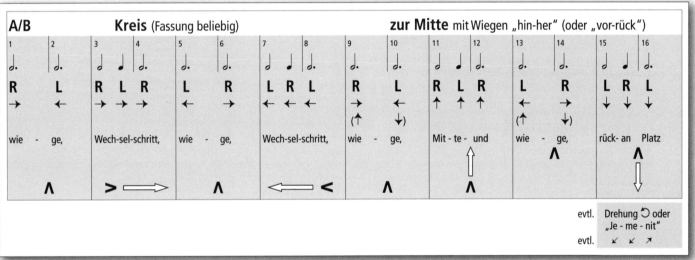

### Kreistanz – Variation

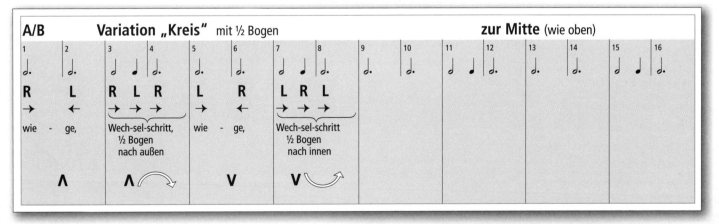

# VALENTINS WIEGENLIED 2

"Der lange Tanz" — **Kreistanz + Paartanz** — KJ ES **

## Musik- und Tanzschema „Langer Tanz"

| Musik Takt: 3/4 | Vorspiel instr. 16 | A 1. Strophe 16 Kreistanz | B instr. 16 Kette | A 2. Strophe 16 Kreistanz | B instr. 16 Kette | A 3. Strophe 16 Kreistanz | B instr. 16 Kette | A 4. Strophe 16 Kreistanz | B instr. 16 Kette | A 5. Strophe 16 Kreistanz | B instr. 16 Kette |
|---|---|---|---|---|---|---|---|---|---|---|---|
| Tanz | | 1. Mal | | 2. Mal | | 3. Mal | | 4. Mal | | 5. Mal | |

### Paartanz – Grundform mit Kette

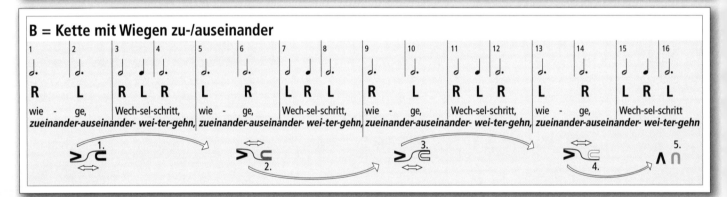

### Paartanz – Variante mit Kette im „Großen Stern"

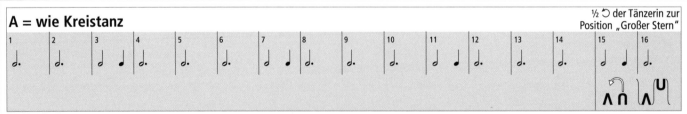

Regula Leupold — Tanzen mit Titlá — © FIDULA

VALENTINS WIEGENLIED 2

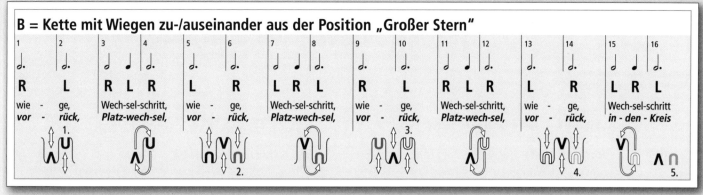

## Ein Tanz mit Variationsmöglichkeiten

In der einfachen Grundform ein schöner Schlusstanz für Tanznovizen – mit Variations- und Ausbau-Möglichkeiten für Tanzerfahrene. Das Grundmuster dieses kleinen Tanzes besteht aus nur jeweils 4-mal „Wie-ge" und „Wech-sel-schritt". Damit lassen sich verschiedene Varianten kreieren:

### Kreistanz – Grundform: Variationen

Takte 9-10: wiegen vor-rück
Takte 13-14: wiegen vor-rück

*oder:*

Takte 9-10: wiegen hin-her
Takte 13-14: wiegen vor-rück

Takte 15-16: als Drehung oder als Jemenit-Schritt

### Kreistanz mit Frontwechsel

Takte 3-4 und Takte 7-8: Jeweils durch den Wechselschritt mit ½ Drehung bleibt die Bewegung nicht am Platz, sondern setzt sich auf der Kreislinie fort, wechselt der Blick von innen nach außen und wieder nach innen, so als ob man beim Gutenacht-Tanz schon mal einen Blick nach Hause wirft und mit dem Zurückwenden nach innen den Mittanzenden verspricht wiederzukommen. Sprechrhythmus z. B. für den ersten Teil: *„Gut' Nacht, schla-fet gut – bis bald: Gu-ten Tag!"*

### Paartanz – Grundform mit Kette (im Bild aus der Sicht des Tänzers dargestellt)

Partner rechte Hände gefasst:
Wiegen R vor, L rück, Hände loslassen und mit Wechselschritt RLR zu „Nr. 2" tanzen, linke Hände fassen, Wiegen L vor, R rück, Hände loslassen und mit Wechselschritt LRL zu „Nr. 3" tanzen etc.

### Paartanz mit Kette im „Großen Stern"

Mit dem letzten Wechselschritt des A-Teils tanzt die Tänzerin mit ½ Drehung in den Innenkreis, Blick nach außen, und reicht ihrem Partner die rechte, dem „Nachbarn" schräg gegenüber die linke Hand:
Jetzt stehen die Tanzenden in zwei konzentrischen Kreisen „auf Lücke" einander gegenüber, Tänzer außen, Tänzerinnen innen. Beim Wiegen sind jeweils alle Hände gefasst, eigener Partner/„Nr. 1" an der rechten Hand:
Wiegen R vor-L rück, linke Hände loslassen, rechte Hand gefasst halten: mit einem Wechselschritt RLR Platzwechsel mit dem eigenen Partner, dann linke Hand des/der Nächsten/„Nr. 2" fassen (Tänzer jetzt innen, Tänzerinnen außen). Entsprechend weiter tanzen:
Wiegen L vor-R rück, rechte Hände loslassen, Platzwechsel an der linken Hand mit „Nr. 2" etc. Den letzten Wechselschritt führen die Tänzerinnen als ganze Drehung aus und landen mit Gesicht zur Mitte neben „Nr. 5", dem neuen Partner für die nächste Runde.

Die Ausgansposition im „Großen Stern" wurde für diesen Tanz mit Absicht so gewählt, damit die Bewegungsrichtung der „nor-malen" Kette entspricht: Die Tänzer bewegen sich *in* Tanzrichtung, die Tänzerinnen *gegen* Tanzrichtung.

© FIDULA · · · · · · · *Tanzen mit Titlá* · · · · · · · Regula Leupold

/ VOGELWALZER

# VOGELWALZER
**Musik**

### Musiktitel: mai herz isch a Ggimpl[1] a klaando
(Titel der hochdeutschen Fassung: „MEIN HERZ IST EIN KLEINER GIMPEL")

Dieses berührende Gedicht stammt von Wolfgang Sebastian Baur, einem bekannten zeitgenössischen Mundartdichter Südtirols (www.goiapui.de). Wie so oft in Liebesliedern dient die Natur in Gestalt des gefangenen Vogels (Gimpel, Zeisig, Amsel, Schwalbe etc.) als Metapher für die unterschiedlichen Gemütsverfassungen des ungeschickten, unachtsamen und daher glücklos Liebenden. Das Gedicht inspirierte Toni Taschler zu einem wehmütigen Walzer, der wie fürs Tanzen geschaffen scheint und mich an die weitverbreitete Figur „Familienwalzer" erinnerte.

## mai herz isch a Ggimpl a klaando

Musik: Toni Taschler
Text: Wolfgang Sebastian Baur

**hinweis**: Die Musik auf der CD kann mit oder ohne Vorspiel (d. h. die 1. Strophe) angewählt werden.

### Musikschema

Track 19 | Track 20

| | Tempo langsam<br>**1. Strophe**<br>Mai Herz isch a Ggimpl | | | mittel<br>**2. Strophe**<br>… a Zaisile … | | | mittel<br>**3. Strophe**<br>… a Krumpa … | | | mittel<br>**4. Strophe**<br>… an Omsl … | | | mittel<br>**5. Strophe**<br>a Schwolwe … | | | mittel<br>**Zwischenteil**<br>instrumental | | | langsam<br>**6. Strophe**<br>a Pfutschi … |
|---|---|---|---|---|---|---|---|---|---|---|---|---|---|---|---|---|---|---|---|
| | vokal | instr. | | vokal | instr. | | vokal | instr. | | vokal | instr. | | vokal | instr. | | instr. | instr. | | vokal |
| **Musik**<br>Takt: 6/8 | A<br>4 | B B<br>4+4 | C C<br>4+4 | A<br>4 | B B<br>4+4 | C C<br>4+4 | A<br>4 | B B<br>4+4 | C C<br>4+4 | A<br>4 | B B<br>4+4 | C C<br>4+4 | A<br>4 | B B<br>4+4 | A<br>4 | B B<br>4+4 | A<br>4 | B B<br>4+4 | A B B<br>4 4+4 |

[A] 1. Mai Herz isch a Ggim-pl[1] a klaan-do, af die Laim-rui-te isch a do ghupft.

[B] Sem pikkt a, do Hai-ta, unt ott sich di schien-tschtn Fed-do-lan do-rupft.

[C] *(instrumental)*

---

1) Zur Schreibweise von „Ggimpl": das doppelte G ist kein Satzfehler/Schreibfehler, sondern bezeichnet den im Südtiroldeutsch vorkommenden Konsonant, der zwischen G und K liegt, also ein „hartes G".

Regula Leupold • Tanzen mit Titlá • © FIDULA

# VOGELWALZER

*Singbare Übersetzung (Wolfgang Sebastian Baur):*

1. Mai Herz isch a Ggimpl a klaando,
   af die Laimruite isch a do ghupft.
   ‖: Sem pikkt a, do Haita,
   unt ott sich die schientschn
   Feddolan dorupft. :‖

1. Mein Herz ist ein kleiner Gimpel,
   auf die Spindel[4] ist er dir gehupft.
   Dort klebt er, der Arme,
   und hat sich die schönsten
   Federchen zerrupft.

2. Mai Herz isch a Zaisile a lezzis,
   mit n Schlaagl oschi s dowischt,
   ‖: unt loschi s ingaaling
   et po widdo fliegn,
   sem isch olls zomm umsischt. :‖

2. Mein Herz ist ein winziger Zeisig,
   der in deiner Falle[5] nun sitzt,
   und lässt du ihn etwa
   nicht bald wieder fliegen,
   dann hat alles gar nicht genützt.

3. Mai Herz isch a Krumpa a schtolzo,
   hoach in Wolt isch a geschtorn nou ghukkt.
   ‖: Iez mocht a fa Laade
   a Kraiz mit n Schnouwl
   unt weart in daindo Kommo forukkt. :‖

3. Mein Herz ist ein stolzer Krummschnabel,
   hoch im Wald saß er gestern verzückt.
   Nun macht er verzweifelt
   ein Kreuz mit dem Schnabel
   und wird dir im Zimmer verrückt.

4. Mai Herz isch an Omsl a schworza,
   dai Gschraa hot ier Liet ausgilescht.
   ‖: Drum singg se gonz traurik
   in Gorte nou aamo
   unt fliegg[2] dofuun fa ier Nescht. :‖

4. Mein Herz ist 'ne pechschwarze Amsel,
   dein Geschrei hat ihr Lied ausgelöscht.
   Darum singt sie ganz traurig
   im Garten noch einmal
   und fliegt davon aus dem Nest.

5. Mai Herz isch a Schwolwe a fraia,
   dai Nait ot ra s Eschtloch fomocht.
   ‖: Iez konn se hott laido
   zi dier nimma haamkemm
   unt fiicht alaan durch di Nocht. :‖

5. Mein Herz ist 'ne freie Schwalbe,
   dein Neid hat ihr's Nest dichtgemacht.
   Jetzt kann sie halt leider
   nicht mehr zu dir kommen
   und rast allein durch die Nacht.

6. Mai Herz isch a Pfutschiggeingga[3],
   dein Fiichl isch gonz ongscht unt pong.
   ‖: Schperr nie unt nimma
   a Herz in a Schtaige,
   wail sem lepp s nimma long. :‖

6. Mein Herz ist 'ne winzige Meise,
   dem Tierlein ist ganz angst und bang.
   Sperr nie und nimmer
   ein Herz in den Käfig,
   denn da überlebt es nicht lang.

© Wolfgang Sebastian Baur, aus dem Gedichtband „Puschtra Mund Art. Gedichte und Nachdichtungen in Pustertaler Mundart". Bozen-Wien, 2003, 2. Auflage 2004. Dialekt- und hochdeutsche Fassung sind GEMA-geschützt.

## Die Tanzidee in Kürze

*Das lange, rhythmisch frei gespielte Intro (1. Strophe) lädt zu einer ausgedehnten Begrüßung und Partnerwahl frei im Raum ein: Wer sich gefunden hat, begibt sich schon mal in den Kreis, wiegt sich in den Rhythmus ein … Der erste Teil des Tanzes mit Laufschritten und Wiegen im Wechsel ist ganz einfach: So hat man Muße, dem Text und damit einem Vogel nach dem anderen zu folgen. Beim spontanen Mitmach-Tanzen können im „Familienwalzer-Teil" die Schritte des Tänzers am Platz als „Mogelvariante ohne Partnerwechsel" dienen: „Al-le vor, al-le rück, al-le rück, al-le vor". Ist die Figur „Familienwalzer" bekannt, kann sie evtl. gleich auf Zuruf hin getanzt werden: Eine Tänzerin nach der anderen wirbelt einen Platz weiter! Spätestens dann wird klar, dass nicht der erste, auch nicht der jeweils vierte, sondern erst der allerletzte der endgültige Partner sein wird! Dies darf dann gegen Ende der „Geschichte" mit dem schnellen, beschwingten instrumentalen Zwischenspiel gefeiert werden, sei es mit einer Paarimprovisation oder einer angesagten Zwischenfigur – z. B. Rundwalzer. Zum Schluss nimmt uns das Lied wieder zum ruhigen Kreis an die Hand und ermahnt: „Schperr nie unt nimma a Herz in a Schtaige!"*

---

2) fliegg: Doppeltes G ist hart und steht hier für die Konsonanten „gt".
3) Sumpfmeise, eine winzige Meisenart
4) Leimspindel, Leimrute: mit Vogelleim bestrichenes Stäbchen an einem Stock, auf das sich der Vogel setzt und von dem er nicht mehr loskommt.
5) Falle: Schlagfalle, in der sich der Vogel lebend fängt, wenn er mit seinem Gewicht einen Mechanismus auslöst.

# VOGELWALZER

**einfacher Kreismixer** — **Mitmachform**

K JES **

Choreographie: Regula Leupold

Aufstellung: ab 2. Strophe geschlossener Kreis

## Musik- und Tanzschema

Track 19 / Track 20

| | Tempo langsam<br>**1. Strophe**<br>Mai Herz isch a Ggimpl | | | mittel<br>**2. Strophe**<br>… a Zaisile … | | | mittel<br>**3. Strophe**<br>… a Krumpa … | | | mittel<br>**4. Strophe**<br>… an Omsl … | | | mittel<br>**5. Strophe**<br>a Schwolwe … | | | schnell<br>**Zwischenteil**<br>frei improvisieren<br>oder tanzen im Kreis | | | | | langsam<br>**6. Strophe**<br>a Pfutschi … | |
|---|---|---|---|---|---|---|---|---|---|---|---|---|---|---|---|---|---|---|---|---|---|---|
| | vokal | | instr. | vokal | | instr. | vokal | | instr. | vokal | | instr. | vokal | | instr. | instr. | | | | | vokal | |
| **Musik**<br>Takt: 6/8 | A<br>4 | B B<br>4+4 | C C<br>4+4 | A<br>4 | B B<br>4+4 | C C<br>4+4 | A<br>4 | B B<br>4+4 | C C<br>4+4 | A<br>4 | B B<br>4+4 | C C<br>4+4 | A<br>4 | B B<br>4+4 | C C<br>4+4 | A<br>4 | B B<br>4+4 | A<br>4 | B B<br>4+4 | A<br>4 | B B<br>4+4 |
| **Tanz** | frei | Wiegen<br>am Platz | → | ↕ ↕ | ∩∩∩∩ | → | ↕ ↕ | ∩∩∩∩ | → | ↕ ↕ | ∩∩∩∩ | → | ↕ ↕ | ∩∩∩∩ | ↕ ↕ | ∩∩∩ ↻ | ∩∩∩ ↻ | | → | ↕ ↕ | |
| | | | **1. Durchgang** | | | **2. Durchgang** | | | **3. Durchgang** | | | **4. Durchgang mit „Verlängerung"** | | | | | | | | | **Schluss** | |

**Strophe 1:** Freie Bewegungen, die Tänzer und Tänzerinnen begrüßen sich, bilden einen Kreis, beginnen mit Wiege-Bewegungen.

**Strophen 2-5:** Paare im durchgefassten Kreis

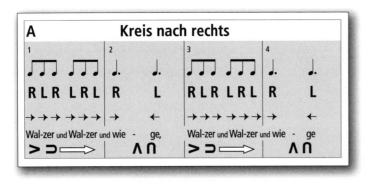

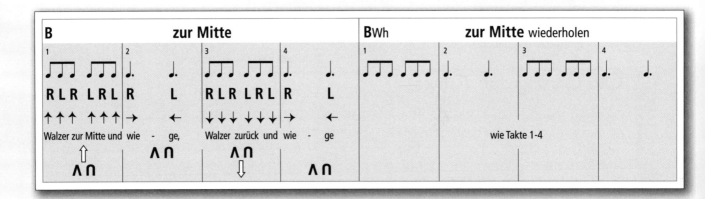

Regula Leupold ········ Tanzen mit Titlá ········ © FIDULA

# VOGELWALZER

**Partnerwechsel à la „Familienwalzer"** (dargestellt aus der Sicht des Tänzers Λ)

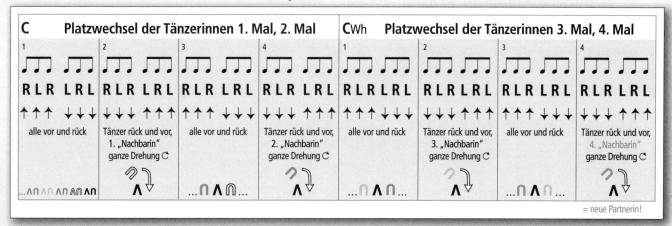

**Instrumentaler Zwischenteil: Improvisation oder „Familienwalzer + Paardrehung"**

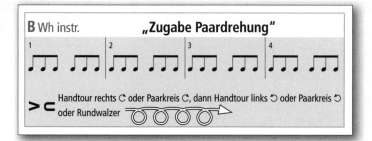

**ABB Instrumentaler Zwischenteil** wiederholen: Improvisation fortsetzen oder „Familienwalzer" mit „Zugabe" wiederholen

**ABB Schluss** (6. Strophe, langsam) wie Strophen 2–5, bei „Pausen" im Text die Bewegung „dehnen"

### Familienwalzer

Eine beliebte traditionelle Partnerwechsel-Figur, die in der Regel wie folgt getanzt wird, Partner nebeneinander im gefassten Kreis:
1. + 2. Walzerschritt: alle vw zur Mitte – rw an den Platz („Schwung holen", Arme schwingen mit),
3. + 4. Walzerschritt: Tänzer lässt Hand der Partnerin los, tanzt am Platz mit zwei kleinen Walzerschritten rw/vw, dabei führt er an der linken Hand seine Nachbarin in einem Bogen vorne rum von seiner linken auf seine rechte Seite, d. h. die Tänzerin vollführt gleichzeitig mit 2 Walzerschritten eine ganze Drehung und hat damit den Platz gewechselt. Dieser Platzwechsel der Tänzerin wird hier 4x nacheinander getanzt (ein gängiges Muster), somit wird die „4. Nachbarin" die neue Partnerin.

 VOGELWALZER

## Rundwalzer

Ganze Paardrehung in Fortbewegung mit 2 Walzerschritten 3/4-Takt ♩♩♩ ♩♩♩ bzw. 6/8-Takt ♫♩ ♫♩

*Ausgangsposition* **geschlossene Fassung = gewöhnliche Tanzfassung**: Partner voreinander, er fasst mit der linken ihre rechte Hand, sie legt ihre linke Hand auf seine rechte Schulter. Schritt-Ausführung hier wie im internationalen Folklore-Tanz (nicht wie im Gesellschaftstanz):

1. Walzerschritt = erste ½ Drehung
  Tänzer: L schräg rw (Drehimpuls), R schließen, L schließen
  Tänzerin gleichzeitig: R schräg vw (Drehimpuls), L schließen, R schließen

2. Walzerschritt = zweite ½ Drehung
  Tänzer: R schräg vw (Drehimpuls), L schließen, R schließen
  Tänzerin gleichzeitig: L schräg rw (Drehimpuls), R schließen, L schließen

*Auf leisen Sohlen erklimmt der Verehrer die steilen, knarrenden Stufen zur Kammer seiner Angebeteten … und leitet damit über zum schönen Schlusslied unserer Tanzsuite.*

# MAI LIEPSCHTA

**Musik**

### Musiktitel: DASSE MAI LIEPSCHTA PISCH
(DAT DU MIN LEEVSTEN BÜST)

Diesem schönen Lied, meiner Schwester und einem glücklichen Zufall ist es zu verdanken, dass diese neue Tanzsammlung überhaupt zustande gekommen ist (siehe Widmung auf S. 3 und S. 5).

Das bekannte plattdeutsche Liebeslied (von ca. 1800) wurde vom Südtiroler Mundartdichter Wolfgang Sebastian Baur (www.goiapui.de) „nouchgedichtet" und soll als Krönung und Schlusstanz diese Tanzsuite abrunden. Alle, die gerne mitsingen – sei es in Plattdeutsch, im Pustertaler oder eigenen Dialekt –, finden auf der CD die etwas verkürzte instrumentale Fassung.

### DASSE MAI LIEPSCHTA PISCH

traditionell aus Norddeutschland  
(„Dat du min Leevsten büst")  
Pustertaler Dialektfassung (Neudichtung): Wolfgang Sebastian Baur  
Arrangement: Titlá

**Hinweis**

Die ungekürzte Originalfassung finden Sie als Bonustrack ebenfalls auf der CD (Track 23). Sie enthält im Gegensatz zur gekürzten Fassung (Track 22) am Schluss die 5. Strophe, rhythmisch ein wenig frei gesungen und mit einigen Kunstpausen versehen, sodass das Tanzen dazu eine besondere Herausforderung darstellt.

### Musikschema Instrumentalfassung

| Musik Takt: 3/4 | A | B | B′ | z | A | B | B′ | z | B | B′ | z | A | B | B′ | z | B | B′ | z | A | B | B′ | z | B | B′ | z | A | B | B′ | z | B | B′ | z | C | C′ | z |
|---|---|---|---|---|---|---|---|---|---|---|---|---|---|---|---|---|---|---|---|---|---|---|---|---|---|---|---|---|---|---|---|---|---|---|---|
| | 4 | 4 | 4 | 1 | 4 | 4 | 4 | 1 | 4 | 4 | 1 | 4 | 4 | 4 | 1 | 4 | 4 | 1 | 4 | 4 | 4 | 1 | 4 | 4 | 1 | 4 | 4 | 4 | 1 | 4 | 4 | 1 | 4 | 4 | 2 |
| | | | | | 1. Durchgang | | | | | | | 2. Durchgang | | | | | | | 3. Durchgang | | | | | | | 4. Durchgang | | | | | | | Schluss | | |

Z= 1 Zwischentakt

Bei der angepassten Instrumentalfassung, die sich gut für den Einstieg und fürs Mitsingen eignet, ist die Abfolge regelmäßig.

### Musikschema Vokalfassung

| Musik Takt: 3/4 | A | B | B′ | z | 1. Strophe A B B′ | | | z | instr. B B′ | | z | 2. Strophe A B B′ | | | z | instr. B B′ | | z | 3. Strophe A B B′ | | | z | Flötenstrophe A B B′ | | | z | 4. Strophe A B B′ | | | z | instr. B B′ | | z | instr. C C′ | | z |
|---|---|---|---|---|---|---|---|---|---|---|---|---|---|---|---|---|---|---|---|---|---|---|---|---|---|---|---|---|---|---|---|---|---|---|---|
| | 4 | 4 | 4 | 1 | 4 4 4 | | | 1 | 4 4 | | 1 | 4 4 4 | | | 1 | 4 4 | | 1 | 4 4 4 | | | 1 | 4 4 4 | | | 1 | 4 4 4 | | | 1 | 4 4 | | 1 | 4 4 | | 2 |
| | | | | | 1. Durchgang | | | | | | | 2. Durchgang | | | | | | | 3. Durchgang | | | | | | | | 4. Durchgang | | | | | | | Schluss | | |

Z= 1 Zwischentakt

# MAI LIEPSCHTA

1. Dasse mai Liepschta pisch,
   dass is la wasch.
   ‖: Kimm in do Nocht, kimm in do Nocht,
   soug, wi e haasch. :‖

2. Kimm hott um Mittonocht,
   kimm hott um aans.
   ‖: Do Fouto schlouft, di Muito schlouft,
   pa mir schlouft kaans. :‖

3. Klokk pa do Kommotiir,
   kimm inna gschwint.
   ‖: Do Fouto maant, di Muito maant,
   dess tuit do Wint. :‖

4. Wenn s widdo kaato weart,
   do Huune schrait,
   ‖: Liepschta du, Liepschta du,
   noar is wo Zait. :‖

5. Schlaich durch di Laawe schtaat,
   ausn gea hint.
   ‖: Do Fouto maant, di Muito maant,
   dess isch do Wint. :‖

*Singbare Übersetzung (Wolfgang Sebastian Baur):*

1. Dass du meine Liebste bist,
   dass du's nur weißt.
   Komm in der Nacht, komm in der Nacht,
   sag, wie du heißt.

2. Komm heut um Mitternacht,
   komm heut um eins.
   Vater schläft, Mutter schläft,
   bei mir schläft keins.

3. Klopf an die Kammertür,
   komm rein geschwind.
   Vater meint, Mutter meint,
   das macht der Wind.

4. Wenn's wieder Morgen wird
   und der Hahn schreit,
   Liebste mein, Liebste mein,
   dann ist's wohl Zeit.

5. Schleich durch den Hausflur leis,
   hinaus geh hint'.
   Vater meint, Mutter meint,
   das ist der Wind.

© Wolfgang Sebastian Baur, aus dem Gedichtband „Puschtra Mund Art. Gedichte und Nachdichtungen in Pustertaler Mundart". Bozen-Wien, 2003, 2. Auflage 2004. Dialekt- und hochdeutsche Fassung sind GEMA-geschützt.

*Plattdeutscher Originaltext:*

1. Dat du min Leevsten büst,
   dat du woll weeßt.
   Kumm bi de Nacht, kumm bi de Nacht,
   segg, wo du heeßt.

2. Kumm du üm Middernacht,
   kumm du Klock een.
   Vader slöpt, Moder slöpt,
   ick slap aleen.

3. Klopp an de Kammerdör,
   fat an de Klink.
   Vader meent, Moder meent,
   dat deit de Wind.

4. Kummt denn de Morgenstund,
   kreiht de ol Hahn.
   Leevster min, Leevster min,
   denn mößt du gahn.

5. Sachen den Gang henlank,
   lies mit de Klink.
   Vader meent, Moder meent,
   dat deit de Wind.

### hinweis

Anders als in der norddeutschen Fassung wird in der Version von Titlá eine Frau, die „Liepschta", angesprochen. Mit geringem Aufwand kann hier auch ein Mann besungen werden, indem in Strophe 1 und 4 jeweils „Liepschto" gesungen wird (und in der hochdeutschen Version „mein Liebster" und „Liebster mein").

## Die Tanzidee in Kürze: Mitmachtanz

*Was gibt es Schöneres, als den Tag mit einem einfachen Tanz im ruhigen Dreiertakt zu beschließen! Das Lied nimmt uns mit auf einen nächtlichen Besuch des Liebhabers bei seiner Angebeteten in der Kammer, die oft nur von der steilen Außentreppe („Steige"/„Stiege") her erreichbar war (ein Vorteil für Verliebte!). Die Tochter des Hauses (bzw. in der Titlá-Fassung ist es der Sohn des Hauses, s. o.) ermuntert ihren Liebsten, an ihre Tür zu klopfen ... die Eltern werden meinen, „dess tuit do Wint" ...*

*Das Bild vom „Fänschterle", die schweizerische Variante des Liebhaberbesuchs, das Stichwort „Wind" und die Tatsache, dass zwischen den Musikteilen ein Zwischentakt folgt, hat mich zu zwei einfachen kurzen Schrittmustern à jeweils 4 Takte inspiriert.*

*Lassen wir also in unserer Tanzversion nicht nur die Tür, sondern auch das Fenster zur Kammer offen und begleiten den Liebhaber auf leisen Sohlen über zwei Dreiertakte, d. h. mit sechs Schritten in Tanzrichtung, bis zum Fenster. Vor dem Fenster tanzt er noch auf der Stelle einen Takt hin, einen Takt her: Wenn er Glück hat, ist das Fenster offen (d. h. das „Platzmuster" beginnt **„offen"**, also hier mit Seitschritt in Bewegungsrichtung). Wenn er jedoch zögert, kann es gut sein, dass der „Wind" das Fenster inzwischen zugeweht hat, das Fenster also geschlossen ist (d. h das „Platzmuster" beginnt **„geschlossen"**, also hier mit Kreuzschritt vorne). Ob das Fenster offen oder geschlossen ist, d. h. ob wir das folgende Schrittmuster in Tanzrichtung mit dem rechten oder linken Fuß beginnen, liegt in der Macht des Windes bzw. ist die Folge des Zwischentaktes: Denn die eingeschobene Drehung (Wind) à drei Schritte bewirkt, dass der „Startfuß" jeweils wechselt.*

*Jetzt wollen wir nur noch den jungen Mann daran erinnern, dass er getrost selbstbewusst auftreten, d. h. jeden einzelnen Schritt **mit Gewichtübertragung** tanzen soll – dann ergibt sich das Spiel mit offenen und geschlossenen Schritten wie von selber, ohne Nachdenken.*

Mit der gängigen Umschreibung **„offen getanzt"** bzw. **offene Tanzweise** und **„geschlossen getanzt"** bzw. **geschlossene Tanzweise*** können zwei wesentliche Grunderfahrungen beim Tanzen bildhaft verständlich gemacht werden. Für Tanzleiter(innen) gut zu wissen: Bei der Fortbewegung im Kreis / auf der Linie reagieren wir in der Regel mit der offenen Tanzweise, weil diese der natürlichen Alltagsbewegung am nächsten liegt, d. h. nach rechts starten wir instinktiv mit dem rechten, nach links mit dem linken Fuß. Deshalb empfinden wir Tänze nach diesem Prinzip als „einfacher". Beginnt ein Schrittmuster mit dem „anderen" Fuß, hilft es, die Tanzenden darauf aufmerksam zu machen: Dazu dient das Bild vom offenen und geschlossenen Fenster als hilfreiche Eselbrücke.

---

* Francis Feybli/Schweiz, Spezialist für internationale Tänze, hat diese treffenden Begriffe eingeführt.

# MAI LIEPSCHTA

**einfacher Kreistanz** — **Mitmachform**

JES

Choreographie: Regula Leupold

Aufstellung: geschlossener oder offener Kreis mit Handfassung

*Instrumentalfassung*, regelmäßige Abfolge, Schluss gekürzt

## Musik- und Tanzschema Instrumentalfassung

| Musik Takt: 3/4 | A 4 | B 4 | B' 4 | z 1 | A 4 | B 4 | B' 4 | z 1 | B 4 | B' 4 | z 1 | A 4 | B 4 | B' 4 | z 1 | B 4 | B' 4 | z 1 | A 4 | B 4 | B' 4 | z 1 | B 4 | B' 4 | z 1 | A 4 | B 4 | B' 4 | z 1 | B 4 | B' 4 | z 1 | C 4 | C' 4 | z 2 |
|---|---|---|---|---|---|---|---|---|---|---|---|---|---|---|---|---|---|---|---|---|---|---|---|---|---|---|---|---|---|---|---|---|---|---|---|
| Tanz | | | | | 3x Muster 1 R beginnt „offen" | | | | 2x Muster 2 L beginnt „zu" | | | 3x Muster 1 R beginnt „offen" | | | | 2x Muster 2 L beginnt „zu" | | | 3x Muster 1 R beginnt „offen" | | | | 2x Muster 2 L beginnt „zu" | | | 3x Muster 1 R beginnt „offen" | | | | 2x Muster 2 L beginnt „zu" | | | 2x Muster 1 R beginnt „offen" | | |
| | | | | | **1. Durchgang** | | | | | | | **2. Durchgang** | | | | | | | **3. Durchgang** | | | | | | | **4. Durchgang** | | | | | | | **Schluss** | | |

Bei der angepassten Instrumentalfassung, die sich gut für den Einstieg und fürs Mitsingen eignet, ist die Abfolge regelmäßig, so dass der „Dreierblock" (ABB') stets offen, der „Zweierblock" (BB') stets geschlossen getanzt wird.

*Vokalfassung kurz,* Abfolge entspricht Originalfassung ohne Schluss-Strophe, Schluss wie Instrumentalfassung

*Vokal-/Originalfassung* mit konzertantem Schluss = 5. Strophe mit ‚Bewegungs-Pausen'

## Musik- und Tanzschema Originalfassung (Bonustrack)

| Musik Takt: 3/4 | A 4 | B 4 | B' 4 | z 1 | **1. Strophe** A 4 | B 4 | B' 4 | z 1 | instr. B 4 | B' 4 | z 1 | **2. Strophe** A 4 | B 4 | B' 4 | z 1 | instr. B 4 | B' 4 | z 1 | **3. Strophe** A 4 | B 4 | B' 4 | z 1 | Flötenstrophe A 4 | B 4 | B' 4 | z 1 | **4. Strophe** A 4 | B 4 | B' 4 | z 1 | instr. B 4 | B' 4 | z 1 | instr. C 4 | C' 4 | z 1 | Schluss-Strophe A 4 | B 4 | B' 4 |
|---|---|---|---|---|---|---|---|---|---|---|---|---|---|---|---|---|---|---|---|---|---|---|---|---|---|---|---|---|---|---|---|---|---|---|---|---|---|---|
| Tanz | | | | | 3x Muster 1 R beginnt „offen" | | | | 2x Muster 2 L beginnt „zu" | | | 3x Muster 1 R beginnt „offen" | | | | 2x Muster 2 L beginnt „zu" | | | 3x Muster 1 R beginnt „offen" | | | | 3x Muster 2 L beginnt „zu" | | | 3x Muster 1 R beginnt „offen" | | | | 2x Muster 2 L beginnt „zu" | | | 2x Muster 1 R beginnt „offen" | | | 3x Muster 1 R beginnt „offen" | | |
| | | | | | **1. Durchgang** | | | | | | | **2. Durchgang** | | | | | | | **3. Durchgang** | | | | | | | **4. Durchgang** | | | | | | | | | | **Schluss** | | |

Bei der Vokalfassung folgen mit dem dritten Durchgang drei Dreierblöcke (ABB') aufeinander, was das Tanzen jedoch nicht erschwert: Es ergibt sich von selber, dass die „Flötenstrophe" 3x das Muster 2 umfasst.

# MAI LIEPSCHTA

### "Fenster offen"

### "Fenster geschlossen"

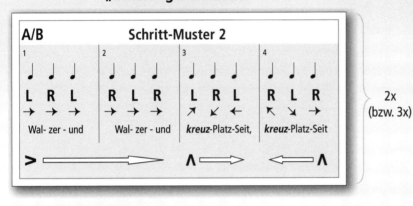

**Schluss** frei gestalten: evtl. mit dem letzten Muster zur Mitte tanzen, eine letzte Drehung tanzen, mit Wiegen ausklingen lassen … oder die letzten Takte pantomimisch gestalten, z. B. mit einer Abschiedsgeste: Kuss auf die Handfläche, mit Pusten dem Wind übergeben und sich damit für das gemeinsame Tanzen bedanken!

# Tanzwerkstatt

## Prinzip „grafische Tanzdarstellung" – Einführung und Lesebeispiel

Als Darstellung für die relativ offenen Bewegungsvorschläge hat sich die knappe grafische Notation bewährt. Diese hat im Vergleich zu den konventionellen Text-Beschreibungen den Vorteil, dass mit der parallelen Rhythmus- und Bewegungs-Spur auf einen Blick die Beziehung zwischen Musik- und Tanzstruktur erfasst werden kann. Erfahrungsgemäß finden sich auch Laien, die nicht mit den Notenwerten vertraut sind, mit dieser Darstellung zurecht. Daher ist es wichtig, dass sich das Verhältnis von lang/kurz dauernden Einzelbewegungen auch in den Raumverhältnissen der Grafik widerspiegelt. Verwendet wird eine sparsame Auswahl der international gebräuchlichen Symbole und Fachausdrücke. Sprechrhythmen und Stichworte ergänzen als auditive Erinnerungsstütze die visuelle Darstellung.

### Position des Betrachters beim Lesen einer Tanzbeschreibung

Man stellt sich vor, dass die vor einem liegende Tanzbeschreibung bzw. Buchseite den Tanzraum im „Kleinformat" darstellt. Der Leser/Schreiber positioniert sich als Betrachter in Gedanken „unten", außerhalb des Tanzgeschehens, und identifiziert sich mit der ihm am nächsten stehenden Person.

## Tanzbeschreibung lesen

Am folgenden Beispiel – Ausschnitt aus „Mazeltov" (vgl. S. 64) – soll das Grundprinzip der grafischen Darstellung veranschaulicht werden. Diese Darstellungsweise hat sich über viele Jahre aus meiner eigenen Tanzarbeit entwickelt und in der Praxis bewährt.

> Die **Rhythmus-Zeile** in der grafischen Tanzdarstellung veranschaulicht die **rhythmische Gliederung der Bewegung**. Die Bewegung greift zwar charakteristische rhythmische Muster in der Musik auf, aber der (oft repetitive) Bewegungs-Rhythmus ist nicht zwingend stets identisch mit dem rhythmischen Verlauf der Musik.
>
> In der Regel gilt: **Ein** Notenwert (z. B. ♩, ♩., ♪, ♪., ♬, ♬.) entspricht **einer** Einzelbewegung.
>
> Eine Einzelbewegung ist in den Tänzen dieses Buches meistens **eine** Fuß-Bewegung, d. h. **ein** Schritt oder **eine** unbelastete Bewegung des freien Fußes/Spielbeins, gelegentlich ein Klatschen/eine Armbewegung.

### Beispiel-Grafik 1: Musik- und Tanzschema

Das Musik- und Tanzschema liefert auf einen Blick die Übersicht über den gesamten Ablauf. Mit farblich unterschiedlichen „Kästchen" wird leicht ersichtlich, wie viele verschiedene musikalische Teile (A, B …) bzw. Durchgänge in welcher Reihenfolge und in welcher Anzahl an Wiederholungen ein Tanz umfasst. Evtl. zusätzliche Zeichen oder Stichworte erleichtern während der Unterrichtsvorbereitung die Orientierung beim gleichzeitigen Abspielen der Musik.

## Musik- und Tanzschema „Mazeltov"

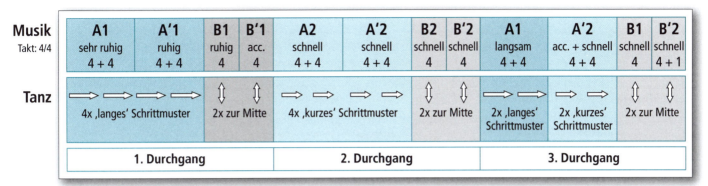

**Beispiel-Grafik 2: Tanzbeschreibung**

Der Bewegungsablauf wird Takt für Takt in Leserichtung dargestellt: Auch wenn die Bewegungsrichtung nach links geht, wird sie – Zählzeit für Zählzeit – in Leserichtung gelesen (wie hier im Beispiel in Takt 4).
„Start-Position": In der Regel stellt die Platzierung des Tänzer(in)-Symbols die Ausgangssituation vor der Ausführung eines Raumweges/einer Figur dar.

## Tanzbeschreibung „Mazeltov": Ausschnitt

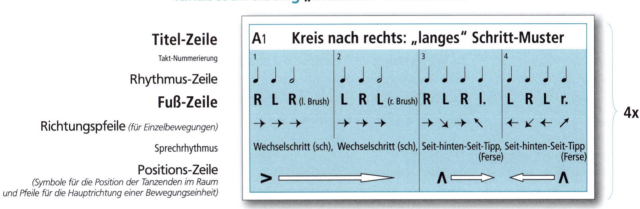

Anregung zum Tanzbeschreibungs-lesen-Üben:
Tanz mit Bewegung nach links: z. B. „Bretonischer" (S. 30), „Tumbalalaika" (S. 68), Paartanz: „Schotter-Polka", Variante im Kreis (S. 21)

### Verwendete Symbole

Oft stimmen Körperausrichtung und Bewegungsrichtung nicht überein. Für die Orientierung braucht es daher sowohl Positionszeichen für die Frontausrichtung im Raum/zum Partner und Richtungspfeile, um die Bewegungsrichtung anzuzeigen: Einzelbewegungen (i.d.R. Schritte/Fußbewegungen) werden je mit einem **kleinen Pfeil**, die allgemeine Hauptrichtung einer größeren Bewegungseinheit mit einem **großen Pfeil** neben/unter/über dem Positionssymbol dargestellt.

### Positionssymbole

| | |
|---|---|
| ∧ Tänzer | Front nach „oben"/zur Mitte, gilt auch für „Alle" bei Tänzen ohne Partner |
| ∩ Tänzerin | Front nach „oben"/zur Mitte, gilt z. B. für „Alle" in Frauentänzen |
| ∧∧∧∧∧, ∩∩∩∩∩ | werden verwendet bei Tänzen mit Partnerwechsel/unterschiedlichen Rollen |
| ∧ ∩ | in den vorliegenden Tanzbeschreibungen zu lesen als: Tänzer/Tänzerin/Paar inaktiv |
| ∧∩  ᵁ∨  ⊃⊂  ∨∩ | Beispiel Positionen im Paar: Partner nebeneinander, voreinander |

### kleine Richtungspfeile

→ ← ↑ ↓ ↗ ↖ ↘ ↙  z. B. für Schritte, Spielbein-Bewegungen

Drehpfeile für Frontwechsel/Solodrehungen/Paardrehungen am Platz

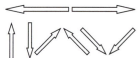 Beispiele: eine ganze Drehung rechts, eine halbe Drehung links am Platz

### große Richtungspfeile

 geben die Hauptrichtung einer größeren Bewegungseinheit an.

### große Drehpfeile

 geben die Richtung der Fortbewegung auf einem (kleineren) Kreis,
(z. B. Solokreis, Kreis als Gruppe) oder auf einem Halbkreis/Bogen an.

### Hilfspfeile

 zeigen z. B. einen „Frei-im-Raum"-Weg oder die Richtung einer Drehung mit gleichzeitiger Fortbewegung, die Richtung eines Platzwechsels, den Weg in der großen Kette an.

### Tanzrichtungen im Kreis

⟹  *In* Tanzrichtung (iTR) bezeichnet die Bewegung auf der Kreislinie/Front *gegen* Uhrzeigersinn (alte Bezeichnung sinnigerweise „gegensonnen": „der Sonne entgegen tanzen").

⟸  *Gegen* Tanzrichtung (gTR) bezeichnet die Bewegung auf der Kreislinie/Front *im* Uhrzeigersinn (alte Bezeichnung „mitsonnen": „mit dem Sonnenlauf tanzen").

### Abkürzungen

| | |
|---|---|
| */**/*** etc. | Angaben zum Schwierigkeitsgrad: <br> * sehr leicht, **leicht, *** mittelschwer, **** anspruchsvoll, ***** sehr anspruchsvoll |
| K J E S | Angaben zur Zielgruppe: K – Kinder, J – Jugendliche, E – Erwachsene, S – Senioren |
| K S | Grausetzungen: Ein Tanz ist nur mit Anpassung für diese Gruppe geeignet. |
| vw, rw, sw | vorwärts, rückwärts, seitwärts |
| re H, li Hand | rechte Hand, linke Hand |
| Z | Zwischentakte: im Musikablauf eingeschobene Takte, die in der Bewegung als „Zugabe" integriert sind (s. auch „Figuren in Titlá-Tänzen": Break, Seite 121) |
| SR | Sprechrhythmus |

### Das „unentbehrliche Standbein" und das „begabte Spielbein"

„Mit oder ohne Gewichtsübertragung?" ist oft die Frage beim Lesen von Tanzbeschreibungen. Folgende Schreibweise, die aus meiner Praxis entstanden ist, hat sich bewährt:

| | |
|---|---|
| **R/L** | Schritt: d. h. eine Gewichtsübertragung vom einen auf den anderen Fuß |
| **r./l.** | Fuß-/Beinbewegung ohne Gewichtsübertragung wie z. B. anziehen, „Tipp", „Kick", „Stamp", „Brush", „Sway" |

(siehe auch „Grundschritte" und „Schritt-Kombinationen" auf Seite 122 bis 126)

# Gemeinschafts-Tanzen: Grundlagen und „Tanzbausteine"

„Tanzen ist Singen mit den Füßen!"
somit:
„Gemeinschafts-Tanzen ist *Chor*singen mit den Füßen!"

### Tanzstruktur als „Spielregel"

Auseinandersetzung mit Tanz heißt auch verschiedene Blickwinkel einnehmen: Mit dem „Weitwinkel" betrachtet, stellt eine gemeinschaftliche Tanzform zunächst einmal ein „soziales Happening" dar, welches dank der musikalischen und räumlichen Struktur sozusagen geregelt, stilisiert, ritualisiert wird: Die so entstandene Tanzstruktur stellt die „Spielregel" dar, die das gemeinschaftliche Tanzen – „Tanzen im Chor" – überhaupt erst möglich macht. Der Gemeinschafts-Tanz mit seinen verschiedenen Ausdrucksformen wie Raum-Muster, Fassungen, Gruppen- und Paarformen bietet immer wieder Gelegenheiten, sich nicht nur als Individuum, sondern auch als Teil eines Ganzen wahrzunehmen. In meiner Vorstellung von einer lebendigen, zeitgemäßen Gemeinschaftstanz-Kultur bildet die „Grobstruktur" einer Tanzform sowohl einen hilfreichen Rahmen für vielfältige Begegnungsmöglichkeiten wie auch einen flexiblen Rahmen mit Freiraum für individuelle Interpretation:

### „festgelegt" und „offen"

Oft wird vergessen, dass in der Tanztradition das Variieren und Improvisieren im Tanz immer schon dazugehörte. Auch der Wechsel von festgelegten und offenen Sequenzen innerhalb eines Tanzes ist ein Gestaltungsmittel. Somit möchte ich anregen, geeignete Beispiele zunächst als „Mischformen" tanzen zu lassen, d. h. neben vorgegebenen Bewegungsabfolgen ausgewählte Passagen einer Musik in der Ausführung noch nicht festzulegen oder evtl. sogar zum individuellen Gestalten „offen" zu lassen. Aus spontanen Bewegungsantworten können neue Varianten entstehen, was ganz im Sinne der vorliegenden Tanzsammlung wäre. Als Blick in die „Tanzwerkstatt" sollen im Folgenden einige bildlich formulierte Charaktermerkmale des Gemeinschaftstanzens und die Auflistung der in den Titlá-Tänzen vorkommenden „Tanzbausteine" als Anregung für eine lebendige Tanzvermittlung dienen.

## Sozial- und Raumformen als Gestaltungsparameter

### „Ich und du, wir und alle"

Ein abwechslungsreiches Gemeinschaft-Tanzen bezieht seine Dynamik auch aus dem Wechsel von Tanzsequenzen, die von einer ganzen Gruppe, einer Kleingruppe, einem Paar oder einem Individuum getanzt werden. Manchmal sind mehrere „Sozialformen" in ein und demselben Tanz enthalten.

### „Miteinander"

Raumbezug und Partnerbezug sind eng miteinander verknüpft: Es ist inspirierend, Positionen (statisch) und Bewegungsabläufe/Tanzfiguren (dynamisch) nicht nur nach tanztechnischen Begriffen zu definieren, sondern sich mit Hilfe von „Beziehungswörtern" die vielen Variationsmöglichkeiten des „Miteinanders" im Raum bewusst zu machen:
Wie stehen wir *zu*einander? Mit Begriffen wie *vor*einander, *neben*einander, *hinter*einander … werden Positionen im Bezug zu(m) Partner(n) bildhaft in den Raum gestellt.
Wie tanzen wir *mit*einander? Mit Begriffen wie *zu*einander, *aus*einander, *um*einander, *durch*einander … werden gemeinsame Bewegungsabläufe als ein Spiel mit Nähe und Distanz erlebt.

## „Tanz-Weg" – „Platz-Tanz"

Mit diesem Kontrast-Paar hat man zwei weitere grundlegende Gestaltungsmöglichkeiten zur Verfügung. Dieser Polarität begegnen wir in vielen Tanzregionen mit unterschiedlicher Akzentuierung: In einigen Kulturen wird mehr platzgebunden, dafür z. B. mit ausgeprägtem Körpereinsatz oder betont mit Rhythmus-/Schrittmustern oder hauptsächlich mit Gesten getanzt, in anderen Regionen sind Fortbewegung/Raumwege und Raum-Ornamente das Hauptcharakteristikum. In der ost-westeuropäisch geprägten Tanztradition treffen wir immer wieder auf folgendes Grundprinzip: Tanzsequenzen am Platz wechseln sich mit Fortbewegungssequenzen ab. Gleich mehrere Titlá-Tänze sind u. a. nach diesem Bauplan entstanden. Dabei kann man – auch traditionelle – Tanzbeispiele nach einem weiteren Kriterium miteinander vergleichen: Bei den einen Tänzen ist man in einer Hauptrichtung „**unterwegs** von Ort zu Ort" (wie z. B. beim „Alpen-5er", Seite 33), in anderen wird man „vom Platz **weg** und wieder **zurück**" an den Ausgangsplatz geführt (wie z. B. bei „Schiarazula Marazula", Seite 89).

## „Spiegelbild" oder „gegengleich"?

Es ist aufschlussreich, Raummuster und Bewegungslinien in partnerbezogenen Tänzen unter diesem Aspekt zu betrachten und zu gestalten. Tatsache ist, dass unsere erste Spontanreaktion auf eine Bewegung des Partners als Spiegelbild erfolgt. Deshalb sind Paartanzformen nach dem „Spiegel-Prinzip" einfacher zu erlernen als Paartanzformen, die auf dem „Gegengleich-Prinzip" beruhen. So braucht auch das Bewegungs-Imitieren in der Kreisaufstellung etwas Übung. Zum Glück arbeitet unser auf Symmetrie angelegtes „Tanzhirn" auf „Vorrat" und speichert eine erlernte Bewegungsfolge ebenfalls im Spiegelbild ab. Auch das Vorstellungsbild „Schatten" – oft, aber nicht immer identisch mit dem Spiegelbild – inspiriert zum Umschreiben gewisser Paartanzelemente. (Zu diesem Thema siehe z. B. „Schiarazula Marazula", Seite 89, „Tumbalalaika", Seite 68, „Challenge of Change", Seite 38.)

# Raum- und Sozialformen in Titlá-Tänzen
(siehe auch Tabelle auf Seite 132)

Auch mit dieser Tanzsuite – das „Tanzhaus" als Grundlage lässt grüßen – wünschte ich mir eine ausgewogene, stilistisch kontrastreiche Vielfalt an Raum- und Sozialformen, Rhythmus- und Schrittmustern, die grundlegende Tanzerfahrungen ermöglichen sollen. Die folgende Übersicht zu den in den Titlá-Tänzen verwendeten „Tanz-Bausteinen" ist auch als „Werkzeugkasten" für die eigene Tanzarbeit gedacht.

**Freie und „geordnete" Raumformen** als Kontraste: Der Raum wird auf individuellen Wegen „kreuz und quer" durchmessen oder als Gruppe mit festgelegten Raumwegen und Formationen „gestaltet".

**Frei-im-Raum-Mixer** (Partnerwechselspiele) ermöglichen viele Zufallsbegegnungen und dienen als Einstieg in komplexere Paartanz-Formen.

Die **(Einsammel-)Schlange(n)** frei im Raum und die **Abhol-Polonaise** frei im Raum bieten sich als bewährte Eröffnungstänze und als einfache Möglichkeit an, eine Musik tanzend kennenzulernen: siehe Seite 126.

**Der Kreis** – mit oder ohne Fassung – ist *der* „Haupt-Treffpunkt" im Gemeinschaftstanz und liegt auch vielen Titlá-Tänzen zu Grunde. Alle Tanzenden haben Blickkontakt und eine gleichwertige Position inne (inklusive Tanzleitung). Die Kreislinie ist sozusagen der „unendliche Tanzweg" und erinnert daran, dass das Tanzen ursprünglich im Freien, ohne Begrenzung durch einen rechtwinkligen Raum stattgefunden hat.

**„Geschlosser Kreis"**: Alle Hände sind gefasst (durchgefasster Kreis).

**„Offener Kreis"**: Der Kreis ist an einer Stelle geöffnet. Traditionell ist der/die Anführer(in) am „vorderen Ende" (in Bezug auf die Haupt-Bewegungsrichtung) positioniert.

**Kurze Reihen auf der Kreislinie**: Die Fassung im Kreis wird an mehreren Stellen unterbrochen. Der Bezug der einzelnen Reihen zur Kreislinie kann unterschiedlich stark sein: Die Reihen können auf einer gemeinsamen Kreislinie oder unabhängig voneinander, jedoch auf die Kreismitte ausgerichtet tanzen. Oder die Reihen tanzen frei im Raum und evtl. auch einander gegenüber.

**Kleine Kreise auf der Kreislinie oder frei im Raum** erweitern die Möglichkeiten der Raum- und Gruppenkonstellationen.

**Die Spirale**/Schnecke als mögliche Fortsetzung der (Einsammel-)Schlange oder als Abschluss eines Kreistanzes – in der Mitte oder evtl. nach der gegenläufigen Spirale im großen Kreis endend – ist besonders attraktiv, wenn sie mit einer großen Gruppe getanzt wird.

**Linedance, Reihen- oder Blockaufstellung**: Kleinere/größere Gruppen von Tanzenden neben-/hintereinander oder frei im Raum – die Aufstellung richtet sich oft nach dem Raum-Viereck und vermittelt ein anderes Raumgefühl als der auf die Mitte ausgerichtete Kreis.

**Paartänze/Mixer im Kreis** erfordern unsere Aufmerksamkeit gleich mehrfach, gilt es doch, sich sowohl auf den Tanzpartner abzustimmen wie auch die Gesamtform im Auge zu behalten. Gerade in der Einführungsphase bzw. mit Einsteigern ist es ein Vorteil, dass diese Tänze auf Grundschritten und einfachen Schrittmustern basieren. Dies gilt insbesondere auch für …

**Formationstänze**: Als Raum-Ornament par excellence spiegeln diese Tänze die rechtwinklige Ausrichtung des Raumes wider. Entstanden ist diese Form des Gesellschaftstanzes, als die Oberschicht das Tanzen in die Säle verlegte. Die privilegierten Adeligen konnten es sich leisten, den Tanz als „Showdance" weiterzuentwickeln, der bald professionelle Ansprüche an die Ausführenden stellte: Aus den ursprünglich einfachen Paartanzfiguren wurden inszenierte, auch für den Zuschauer attraktive, ausgeklügelte Raumgebilde, die in der Ausführung (Körperhaltung, anspruchsvolle Schrittkombinationen) Tanzunterricht voraussetzten. Kein Wunder, dass die im Volk imitierten Formationstänze wiederum mit einfacherem Schrittmaterial ausgeführt wurden. Dieses spezielle Raumerlebnis bietet „Toblana Eck" als Quadrille, im Karree à 4 Paare.

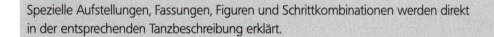
Spezielle Aufstellungen, Fassungen, Figuren und Schrittkombinationen werden direkt in der entsprechenden Tanzbeschreibung erklärt.

# Fassungen

Da es sich nicht um überlieferte Tänze handelt, habe ich die Handfassungen bei den meisten Titlá-Tänzen nicht festgelegt, allenfalls empfohlen, in der Meinung, die Tanzenden sollen die für sie und den jeweiligen Tanz attraktivste Fassung wählen: Dies wird bei Kreistänzen und Paartänzen – besonders bei der Einführung – eine möglichst natürliche, entspannte Fassung, meist die V-Fassung mit tiefgehaltenen Händen, sein. An sich wirkt eine Handfassung im Kreis unterstützend. Beim Tanzen mit Kindern und Jugendlichen hat es sich jedoch bewährt, gewisse Sequenzen gelegentlich auch ohne Handfassung zu tanzen: z. B. bei schneller Fortbewegung auf der Kreislinie oder bei Sequenzen, die zu individueller Ausführung animieren.

### Gängige Fassungen im Kreis/in der Reihe

*V-Fassung*  *W-Fassung*  *T-Fassung*

## Gängige Fassungen im Kreis/in der Reihe

| | |
|---|---|
| **V-Fassung** | Hände unten gefasst |
| **W-Fassung** | Arme angewinkelt, **Hände auf Schulterhöhe gefasst** |
| **T-Fassung** | **Schulterfassung**: Hände auf der naheliegenden Schulter des Nachbarn |
| **X-Fassung** | Kreuzfassung vorne: die Hand des Übernächsten fassen, dabei die Hand in Hauptbewegungsrichtung unten durch (bequemere Position)<br>Kreuzfassung hinten: nach Größe der Tänzer(innen) oben oder unten durch fassen |
| **„eingehakt"** | beim Nachbarn einhängen/mit Ellenbogen einhaken |

*X-Fassung vorne*   *eingehakt*

## Gängige Fassungen im Paar

| | |
|---|---|
| **offene Fassung** | Partner nebeneinander, innere Hände gefasst |
| **Einhandfassung** | Partner voreinander (evtl. nebeneinander), rechte/linke Hände gefasst |
| **Zweihandfassung** | Partner voreinander |
| **Schulterfassung** | Partner voreinander, z. B. geeignet für schnelle Paardrehungen |
| **X-Fassung** | Kreuzfassung: i. d. R. rechte/linke Hände über Kreuz vorne gefasst, rechter Arm oben durch (Schweiz: rechter Arm unten durch) |
| **Swing-Fassung** | siehe unten: „Swing"-Paardrehung mit Swing-Schritten (Seite 120) |
| **geschlossene Fassung** | = gewöhnliche Fassung, siehe auch „Vogelwalzer", Seite 106 |

*offene Fassung*   *Einhandfassung z. B. Handtour*   *„eingehakt" „Rad"*   *Zweihandfassung z. B. Paarkreis*   *Kreuzfassung*

# Figuren in Titlá-Tänzen

**Ausgewählte Figuren im Paar**

| | |
|---|---|
| **Promenade** | Paare frei im Raum oder auf der Kreisbahn, z. B. offene oder X-Fassung |
| **Platzwechsel** | Partner/Paare tauschen die Plätze, landen auf dem „Gegenplatz": ohne Fassung, mit Zweihand- oder Einhand-Fassung |
| **Paarkreis** | mit Zweihandfassung kleiner Kreis ↻ / ↺ |
| **Dos-à-Dos** | „Rücken an Rücken": Partner vis-à-vis, ohne Fassung/Frontveränderung einander im Uhrzeigersinn umtanzen (rechtschultrig vw, linksschultrig rw) |
| **Si-So** | eigentlich „See-saw" – engl. „sehen-gesehen" – entsprechend Dos-à-Dos, jedoch gegen Uhrzeigersinn |
| **„umtanzen"** | à la „Scherele-Figur" (siehe S. 63) Partner auf einem kleinen Kreis „Gesicht zu Gesicht" umrunden |

*Dos-à-Dos*

*umtanzen*

**Drehfiguren im Paar**

| | |
|---|---|
| **Paardrehung** ↻ / ↺ | Paar dreht sich am Platz um eigene Achse. |
| **Paardrehung** ⟳→ | Paar dreht sich in Fortbewegung um die eigene Achse. |
| **Handtour** re ↻ / li ↺ | Paardrehung am Platz, rechte/linke Hand auf Schulterhöhe gefasst |
| **„Einhaken"** re ↻ / li ↺ | Paardrehung am Platz, rechte/linke Ellenbogen eingehakt (auch „Rad") |
| **„Swing"** ↻ | Paardrehung am Platz mit Swing-Schritten (div. Fassungen) |
| **Rundwalzer** ⟳→ | Paardrehung(en) in Fortbewegung, i. d. R. in geschlossener Fassung, Ausführung: siehe Tanzbeschreibung „Vogelwalzer", Seite 106 |

*Schulterfassung*     *beliebte Fassung für Swing*     *geschlossene Fassung z. B. Rundwalzer*

### Swing Paardrehung am Platz ↻

*Ausgangsposition*: Außenkante der rechten Füße aneinandersetzen (Vergleich: beide rechte Füße befinden sich auf einem „gemeinsamen Rollbrett")

*Fassungen*: z. B. anstelle der geschlossenen Tanzfassung einfachere Schulterfassung oder folgende beliebte Swing-Fassung (England): linke Hände gefasst (Arme angewinkelt), rechte Hand (Arme gestreckt) auf rechter Schulter des Partners

*Drehung*: Oberkörper zurücklehnen, mit den linken Füßen (wie beim Rollbrettfahren) die Drehung ↻ „anschubsen", während die rechten Füße am Platz rotieren/mitdrehen.

(siehe auch „Toblana Eck", Seite 22, bzw. „Di Grine Kuzine", Seite 44)

### Drehfiguren Solo

| | |
|---|---|
| **Solodrehung** ↻ / ↺ | Einzel-Tänzer(in) Rechts-/Linksdrehung um die eigene Achse, am Platz |
| **Solodrehung** | Einzel-Tänzer(in) Rechts-/Linksdrehung in Fortbewegung (vom Platz weg) |
| **Solodrehung** mit „Tor" | Einzel-Tänzer(in) tanzt z. B. mit ½ Drehung unter den im Paar gefassten/hochgehaltenen Händen durch (siehe Einsammel-Schlange mit „Umkehr-Tor", Seite 129, „Zigainaliabe 2", Seite 76: Platzwechsel mit „Tor"). |
| **Solokreis** ↻ / ↺ | Einzel-Tänzer(in) tanzt einen kleinen Kreis vom Platz weg und zurück. |

### Figuren in der Gruppe

| | |
|---|---|
| **Tor** | Zwei Paare tanzen aufeinander zu: Ein Paar hält die inneren, gefassten Hände hoch und bildet damit ein Tor, das andere Paar tanzt durch das Tor. |
| **„Umkehr-Tor"** | als Zugabe zur „Einsammel-Schlange" (siehe Seite 129) |
| **Vierer-Kreis** | z. B. Frei-im-Raum-Mixer, Quadrille |

| | |
|---|---|
| **Stern/Mühle** re ↻ / li ↺ | z. B. 4 Tänzer(innen)/2 Paare fassen über Kreuz die rechten/linken Hände und tanzen im/gegen Uhrzeigersinn (die Mühle „dreht sich") |
| **(Große) Kette** | auf der Kreislinie: dem ersten/eigenen Partner rechte Hand reichen, rechtsschultrig aneinander vorbeitanzen, Fassung lösen, dem nächsten/zweiten Entgegenkommenden die linke Hand reichen, linksschultrig aneinander vorbeitanzen etc. (siehe „Toblana Eck", Seite 22) |
| **Paarkette** | siehe Tanzbeschreibung Quadrille „Toblana Eck" (Seite 29) |
| **Damenkette** | siehe Tanzbeschreibung Quadrille „Toblana Eck" (Seite 29) |
| **Familienwalzer** | siehe Tanzbeschreibung „Vogelwalzer" (Seite 105) |

*Tor*         *Stern/Mühle*         *Kette*

## spezielle Figuren

| | |
|---|---|
| **„Platz-Tanz", „-Figur" oder „-Muster":** | größere oder kleinere Bewegungseinheit, die am Platz ausgeführt wird, oft im Kontrast zu bzw. Wechsel mit Fortbewegungssequenzen |
| **„Klatsch-Figur"** | Rhythmusmuster aus Klatsch-/Patsch-Gesten einzeln oder im Paar |
| **Break** | kurze musikalische/bewegungsmäßige Unterbrechung/Ergänzung im Ablauf |
| **Reverenz** | in den Titlá-Tänzen ein kurzes Verneigen |

## besondere Raummuster in den Titlá-Tänzen

| | | |
|---|---|---|
| **„Bogen"** | ⌒↘ | bogenförmiger Raumweg |
| **„Zick-Zack"** | ᴡᴡ | zick-zack-förmiger Raumweg („Kuchenstücke"), Schritte beliebig |
| **„Acht"** | ∞ | hier Raumweg/Gestik: Bewegungslinie in Form einer Acht |
| **„Viereck"** | ☐ | siehe (Solo-)Viereck (auch als „Dos-à-Dos" in „Di wilde Foore" (Seite 82) |
| **„Viereck"** | ☐ | siehe (Solo-)Viereck in „Toblana Eck" (Seite 22) |
| **„Grand Square"** | ⊞ | siehe Quadrille „Toblana Eck" (Seite 22) |

# Grundschritte

Möglichst bildhafte Beschreibungen erleichtern die Bewegungsvorstellung: So kommen darin neben traditionell verwendeter Terminologie auch wortmalerische Begriffe vor, die sich in der Praxis als „Eselsbrücken" und unterstützende Sprechrhythmen bewährt haben. Schrittfolgen, die ausschließlich aus „normalen" Schritten mit Gewichtsübertragung bestehen, sind einfacher zu lernen, weil sie dem natürlichen Gehen am nächsten kommen. Eine Haupt-Fehlerquelle besteht oft bei Schrittkombinationen mit unbelasteten Fuß-/Bein-Bewegungen. Es ist für Lernende eine große Hilfe, gleich von Anfang an auf den Unterschied „belastet/unbelastet" aufmerksam gemacht zu werden: mit deutlichem Bewegungsvorbild, treffenden Sprechrhythmen und u. a. auch mit Eselsbrücken wie „vertrauensvoll auf festem Untergrund tanzen" im Vergleich zu z. B. mit „Tupf" abtastend auf Schnee/Eis/heißem Sand oder aber auch über eine blühende Wiese tanzen! Vorstellungshilfen wie „das unentbehrliche Standbein" und „das begabte Spielbein", welches mit zusätzlichen „Verzierungen" den Charakter eines Tanzes betont (und damit oft auf raffinierte Weise zu Schritt-Wechseln führt), fördern das Körperbewusstsein.

**„Das unentbehrliche Standbein"**     **R oder L**

In der Regel *ein* Schritt *mit* Gewichtsübertragung

| | |
|---|---|
| **Schritt** | Gewichtsübertragung von einem Fuß auf den anderen |
| **Sprung** | von einem Fuß/beiden Füßen auf einen/beide Füße springen (dabei kurz ohne Bodenkontakt) |
| **Seitschritt** | Schritt seitwärts |
| **Kreuzschritt/kreuzen** | Schritt vor oder hinter dem anderen Fuß gekreuzt |
| **Schluss-Schritt** | Schritt neben dem Standbein (schließen, d. h. mit Gewichtsübertragung) |
| **Schritt, gestampft\*** | Schritt, betont |
| **„Hopp"** | auf Standbein aufhüpfen (Entlasten-Belasten des Standbeins) |
| **„Chug"/„Rutsch"** | flaches Rutschen (rw/vw/sw) auf einem/auf beiden Füßen |
| **Federn/Wippen** | auf dem Standbein nachfedern (meistens Belasten-Entlasten des Standbeins) |
| **„Plié"** | Knie des Standbeins bzw. beide Knie beugen, i. d. R. folgt Strecken des/der Knie(s) (belasten-entlasten) |

„Das begabte Spielbein" r. oder l.

In der Regel eine Bewegung mit dem Fuß/Bein **ohne** Gewichtsübertragung, mit oder ohne Bodenberührung. Die Bezeichnungen aus dem Englischen/Amerikanischen eignen sich gut – da einsilbig – zum Bilden von klangmalerischen Sprechrhythmen bei Schrittkombinationen.

| | | |
|---|---|---|
| **Tipp** | tupfen | z. B. mit Zehenspitze/Ferse neben Standbein oder seit/vor/rück, evtl. gekreuzt vor/hinter dem Standbein |
| **Stamp/„Stampfer"*** | stampfen | akzentuierte Bodenberührung ohne Gewichtsübertragung* |
| **Kick** | „kicken" | stoßende Fußbewegung z. B. vw/sw, gekreuzt vor dem Standbein |
| **Brush** | wischen | mit Fußsohle/-ballen über den Boden wischen |
| **Sway** | Schwung | hier Bein z. B. gekreuzt vor das Standbein schwingen |
| **anziehen** | | Fuß neben Standbein anziehen (ohne Gewichtsübertragung) |

**\* Tipp** Besonders bei Schrittkombination mit gestampften Schritten oder „Stamp"/„Stampfer" empfiehlt es sich, zusätzlich darauf hinzuweisen, ob eine Gewichtsübertragung erfolgen soll oder nicht: Dies entscheidet, mit welchem Fuß die nächste Sequenz beginnen soll.

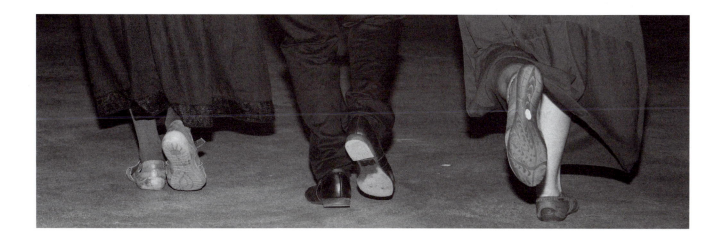

# Schrittkombinationen in Titlá-Tänzen

**Grundposition:** Füße nebeneinander

**„Start-Fuß":** starten mit dem „normalen" Fuß oder mit dem „anderen" Fuß.
Ohne spezielle Anweisung startet man bei Bewegungsrichtung z. B. „nach rechts" instinktiv mit dem rechten/„normalen" Fuß. Tänze/Schrittsequenzen mit dieser Ausführung empfindet man deshalb als einfacher. Startet z. B. eine „nach links" beginnende Folge mit dem rechten/„anderen" Fuß, ist es hilfreich, explizit darauf hinzuweisen. Speziell bei seitwärts getanzten Schrittkombinationen ist die Formulierung „offene"* und „geschlossene"* Ausführung sehr hilfreich: siehe auch „offener/geschlossener Grapevine" (s. u.) und „Di Mesinke" (S. 55). Siehe auch „Mai Liepschta" (S. 111).

Beispiele sind hier i. d. R. nur für **R** beschrieben (L entsprechend spiegelbildlich)
**fett**: Schrittkombinationen und Begriffe, die in Titlá-Tänzen vorkommen

### Schrittmuster aus *zwei* Einzel-Bewegungen

| | |
|---|---|
| **„Schritt-Hopp"** R | Schritt R, mit R aufhüpfen, z. B. ♩♩ bzw. ♫ oder ♩♪ bzw. ♫ (hüpfen) |
| **„Wiegen"** R-L | Schritt R, Gewichtsverlagerung zurück auf L: z. B. vor-rück oder sw hin-her |
| **„Hi-Ha"** R-L | Sprechrhythmus für schnelle Gewichtsverlagerung „hin-her" |
| **Nachstellschritt** R | z. B. Schritt R sw (oder vw oder rw), L mit Gewicht schließen (nachstellen), z. B. ♩♩ bzw. ♫ (z. B. „Seit-ran")** |
| (Seit-Galopp R | Schritt R sw/vw, L mit Gewicht schließen ♩♪ bzw. ♫, dabei kurz ohne Bodenkontakt) |
| **Swing-Schritt** | R kreuzt vorne, L sw (auf Fußballen): ♫ oder ♫, auch als Paardrehung ↻ |

### Schrittmuster aus *drei* Einzel-Bewegungen

| | |
|---|---|
| **„cha-cha-cha"** | geeigneter Sprechrhythmus für div. Wechselschritt-Varianten |
| **Wechselschritt** R | 3 Schritte RLR vw/rw/sw, Rhythmus i. d. R. ♩♩♩ bzw. ♫♩, hier auch ♩♩♩. (siehe „Valentins Wiegenlied", Seite 97, „Tumbalalaika", Seite 68) |
| **Polkaschritt** R | Wechselschritt vw/rw/sw, ♩♩♩ bzw. ♫♩, mit evtl. Hopp R, evtl. Schwung L, s. u. Hinweis zum Begriff „Polka". Siehe auch „Schotter-Polka" (Seite 18) |
| **Pas-de-Basque** R | Wechselschritt am Platz, z. B. ♫♩, z. B. sw oft als „Seit-kreuz-Platz": →↗↙ |
| **Jemenit-Schritt** R | Wechselschrittvariante: z. B. sw R, L nachstellen, R gekreuzt vor L: →→↙ oder siehe „Bretonischer", Seite 30, Jemenit-Schritt R schräg rw: ↘↘↙ |

\* Francis Feybli/Schweiz, Spezialist für internationale Tänze, hat diese treffenden Begriffe eingeführt.
\*\* gängige Schrittkombinationen mit Nachstellschritten sw: z. B. fortlaufend „Seit-ran-Seit-ran" etc. oder „Seit-ran-Seit-anziehen" (ohne Gewicht)

**Walzerschritt** R vw/rw   3 Schritte RLR im Dreiertakt, 1. Schritt betont: ♩♩♩ bzw. ♩♩♩

**Walzerschritt** R sw am Platz, „offen" als „Seit-kreuz-Platz": →↗↖, („Mai Liepschta", Seite 111)

**Walzerschritt** R sw am Platz, „geschlossen" als „kreuz-Platz-Seit": ↖↘→, („Mai Liepschta", Seite 111)

### hinweis

Ich orientiere mich an der internationalen Interpretation: Mit „Polka" wird der lebhafte, mit „Schottisch" der ruhige Tanz – beides Tänze mit Wechselschritt als Grundmuster – bezeichnet.
In der Schweiz werden die Begriffe gerade umgekehrt verwendet: Hier ist „Schottisch" der lebhafte, „Polka" der ruhige Tanz.

## Spezielle Schrittmuster

**Branle** (historische Reigentänze, siehe Hintergrundinformation „Schiarazula Marazula", Seite 90)

Schritte sind hier für L beschrieben (R entsprechend spiegelbildlich), da die Haupt-Tanzrichtung der Branles im Uhrzeigersinn ist.

**Branle-Schritte** („branler", frz. „hin- und herwiegen")
**Simple** L (hier sw),   2 Bewegungen: L sw, r. anziehen oder z. B. Tipp r./Schwung r. vor L
**Double** L (hier sw),   4 Bewegungen: L sw, R nachstellen, L sw, r. Fuß anziehen oder Tipp/Schwung vor L

Die choreographierte „Schiarazula Marazula" (als Grundlage für den Tanz mit Kaleidoskopen/Kerzen) besteht im zweiten Abschnitt aus einem Fortbewegungsteil im Wechsel mit einem „Platz-Tanz" mit folgender Schrittkombination: **„Double-Double-Simple-Simple-Double".**

Ebenso ist es denkbar, den zweiten Teil von „Schiarazula Marazula" nach dem „2+1"-Muster – ein klassisches Branle-Muster – fortlaufend nach links zu tanzen. Dieses Muster ist auch bekannt als „Hora-Schritt"/Hora-Prinzip:

**Hora-Schritt\*** L      1 Double L hin + 1 Simple R
⟵       ⟶

Die verschiedenen Möglichkeiten, kurze und „doppelt so lange" Schrittmuster im Sinne von Simples und Doubles à la Baukastensystem zu kombinieren, können auch zu eigenen Kreistanzfolgen nach dem Grundmuster „Platz-Tanz im Wechsel mit Fortbewegung" inspirieren.

\* Gemeinsame Wurzeln – Branle bis Foxtrott: Eine klassische Kombination von „1 Double (hin) + 1 Simple (her)" stellt der „Hora-Schritt" als „2 +1"-Prinzip dar, dem eine sehr alte, universelle, dem Lebensrhythmus nachempfundene Tanzform („Fortschritt und Verweilen") zu Grunde liegt. Dieses elementare Tanzprinzip lässt sich als typisches Erbe quer durch die Tanzgeschichte verfolgen: ein früher auch im europäischen Kulturraum verbreitetes und heute noch lebendiges gängiges Grundprinzip, um sich paarweise, auf Linien gegenüber, als Schlangenlinie oder im Kreis stets in eine Hauptrichtung (je nach Region im/gegen Uhrzeigersinn) fortbewegen zu können. Dem Hora-Prinzip begegnen wir noch heute in traditionellen Tänzen hauptsächlich unter den ältesten Tänzen einer Region (auf der Basis ganz unterschiedlicher Rhythmen), jedoch am häufigsten im Balkan und östlichen Mittelmeerraum.

**Grapevine-Schritt** (oder auch: Mayim-Schritt/Wechselkreuzschritt)

| | | |
|---|---|---|
| **Grapevine** R offen: | R sw, L kreuzen, R sw, L kreuzen, z. B. | R→L↗R→L↘ oder R→L↘R→L↗ |
| **Grapevine** R geschlossen: | R kreuzen, L sw, R kreuzen, L sw, z. B. | R↖L←R↙L← oder R↙L←R↖L← |

### Einführung Grapevine/Mayim mit bildhafter Bewegungsvorstellung

„Mayim" (= hebräisch „Wasser"): Seitschritt = Stein im Bachbett, Kreuzschritt = Wasser fließt um die Steine
(siehe dazu im Buch „Tanzhaus" – vgl. dritte Umschlagseite – auf S. 79-88: „King of the Fairies – Tanz der 4 Elemente" mit illustrierter Einführung des „Wasser-Schritts")

„Grapevine" (= engl. „Weinranke"): Vorübung am Platz für z. B. „Seite-vorne-Seite-hinten" als „Wurzelschritt":
Schritt am Platz (Stecken), Schritt vor (Wurzel), Schritt zurück an den Platz (Stecken), Schritt rück (Wurzel).
Mit Handfassung und etwas Zug in Bewegungsrichtung ergeben sich aus dieser „Platz-Figur" (vergleiche „Break" in „Toblana Eck", Seite 24, und in „Di wilde Foore", Seite 85) wie von selber Seit- und Kreuzschritte und das Bild von der Rebe, die sich beim ersten Stecken z. B. vorne herum, beim nächsten Stecken hinten herum windet.

Mit der Option „nach rechts" oder „nach links", den Varianten „offen" oder „geschlossen", zuerst vorne oder zuerst hinten kreuzen ergeben sich insgesamt acht (!) Ausführungsmöglichkeiten für den Grapevine-/Mayim-Schritt (siehe auch obige Anmerkungen zum „Start-Fuß", S. 124).

Beispiele mit div. Grapevine-Varianten: siehe „Di wilde Foore", Abtanz, Seite 87, „Di Mesinke", Seite 54, Varianten offen/geschlossen, „Zigainaliabe", paarweise, Seite 77

# „Einsammel-Schlange" und „Abhol-Polonaise"

### „Die Tanzleute da abholen, wo sie stehen" – zwei einfache Tanzspiele zu beliebiger Musik

Zwei viel erprobte „Tanz-Rituale" – geeignet, um mit möglichst wenig Anleitung auch eine große, generationengemischte Gruppe in Bewegung und in Stimmung zu bringen: Mit diesen Tanzspielen hat man zwei spontan umsetzbare, elementare Bewegungsformen zur Hand, die sich je nach Musikwahl zum Eröffnen oder als Ausklang einer Tanzstunde/eines Festes anbieten.

Zudem: Sowohl die Einsammel-Schlange wie die Abhol-Polonaise eignen sich hervorragend, um z. B. einen ersten Eindruck von einer neu einzuführenden Musik zu vermitteln. Da sich die Tanzenden noch nicht auf eine musikalische Struktur oder auf eine spezifische Bewegungsausführung konzentrieren müssen, können sie sich zuerst mal gefühlsmäßig auf die Musik einlassen.

Bei einer großen Gruppe ist es ratsam, ein längeres Stück, für die Einführung des Bewegungsablaufes eine Musik mit durchgehend gleichem Gehschritt-Tempo und zuerst eine instrumentale Fassung zu wählen. Ist man mit dem Ablauf schon vertraut, macht es Spaß, speziell die Einsammel-Schlange auch zu einer Musik mit Tempounterschieden zu tanzen!

## „Anfänge": geeignete Musik für lebhafte Einsammel-Schlange/Abhol-Polonaise

| Track | Dauer | | | | | Zielpublikum |
|---|---|---|---|---|---|---|
| 1/24 | 4'00 | **Tyrish Polka** | instr. | 2/4 | zügige Gehschritte ♩ | K J E (S) |
| | | | | | oder ruhige Wechselschritte ♩♩♩ | S |
| 2 | 2'27 | **Schotter-Polka** | instr. | 4/4 | zügige Gehschritte ♩ | K J E (S) |
| | | | | | oder ruhige Wechselschritte ♩♩♩ | S |
| 3 | 3'54 | **Toblana Eck** | instr. | 2/4 | zügige Gehschritte ♩ | K J E S |
| 4 | 3'42 | **Bretonischer** | instr. | 4/4 | 1. Teil: ruhige Gehschritte ♩ | K J E S |
| | | Stilwechsel! | | 6/8 | 2. Teil: ruhige Gehschritte ♩. = Schritt-Tempo wie 1. Teil | |
| | | | | | oder 2. Teil Wechselschritte ♩♪♩. | J E S |
| 6 | 3'11 | **Challenge of Ch.** | instr. | 2/4 | ruhige Gehschritte ♩ | K J E S |
| | | | | | oder Wechselschritte ♫♩ | J E |
| 8 | 3'03 | **Di Mesinke** | vok. | 4/4 | zügige Gehschritte ♩ | K J E S |
| 13/14 | 4'22 | **Zigainaliabe** | vok. | 4/4 | ruhige Gehschritte ♩, eignet sich auch als Ausklang | K J E S |

## „Ausklänge": geeignete Musik für stimmungsvolle, ruhige Einsammel-Schlange/Abhol-Polonaise

| | | | | | | |
|---|---|---|---|---|---|---|
| 12 | 4'07 | **Tumbalalaika** | vok. | 3/4 | ruhige Wechselschritte ♩♩♩. | J E S |
| 18 | 3'42 | **Valentins W'lied** | vok. | 3/4 | ruhige Wechselschritte ♩♩♩. | J E S |
| 21-23 | 4'05 | **Mai Liepschta** | instr./vok. | 3/4 | ruhige Walzerschritte ♩♩♩ | J E S |

## Musik für Einsammel-Schlange mit Tempowechsel!

Mit Bewegungsabfolge wird auf musikalische Form reagiert: Tempowechsel z. B. als Richtungswechsel,
z. B. langsamer Teil Spirale zur Mitte, evtl. Umkehrtor, schneller Teil der Spirale nach außen.

| | | | | | | |
|---|---|---|---|---|---|---|
| 9/10 | 3'35 | **Scherele** | instr. | 4/4 | Temposteigerung! Langsame bis zügige Gehschritte ♩ | K J E (S) |
| | | | | | evtl. halbes Tempo ♩ | S |
| 7 | 3'52 | **Di Grine Kuzine** | vok. | 2/4 | Temposteigerung! 1./2. Durchgang: sehr ruhige Gehschritte ♩ | K J E S |
| | | | | | 3.-6. Durchgang: Gehschritte ♩ doppeltes Tempo | |
| 11 | 2'11 | **Mazeltov** | instr. | 4/4 | Variante nur Gehschritte: | K J E S |
| | | Tempowechsel! | | | langsame Teile: sehr langsame Gehschritte ♩ | |
| | | | | | schnelle Teile: zügige Gehschritte ♩ | |
| | | | | | Variante Gehschritte/Schritt-Hopp: | K J E |
| | | | | | langsame Teile: sehr langsame Gehschritte ♩ mit „Brush" ♩ | |
| | | | | | schnelle Teile: Schritt-Hopp ♩♩ | |
| | | | | | Variante Wechselschritt (Vorübung Endform): | J E |
| | | | | | langsame Teile: langsame Wechselschritte (-Brush) ♩♩♩♩ | |
| | | | | | schnelle Teile: schnelle Wechselschritte (-Hopp) ♩♩♩♩ | |

# EINSAMMEL-SCHLANGE  div. Musik

### Ein festlicher Tanz für alle Gelegenheiten und Altersgruppen
#### So einfach geht's

*Da sitzen oder stehen sie – alleine, zu zweit, gruppenweise, familienweise, klassenweise – an den Wänden entlang oder im Kreis und warten darauf, abgeholt zu werden. Ohne Worte, mit dem Einsetzen der Musik, fordert die „Einsammlerin" – mit Gesicht zu den ersten Gästen – zum Mittanzen auf:*

**Vom Einsammeln …**
*Mit der Linken ergreift die „Einsammlerin" die Rechte des ersten Gastes, welcher wiederum mit seiner Linken gleich die nächste Tänzerin vom Stuhl holt usw. So zieht nun eine wachsende Schlange grüßend an den noch Wartenden vorbei, bis der letzte Gast sich angehängt hat.*

**… durch den Raum**
*Entweder tanzt die Schlange auf kurvigen Wegen kreuz und quer durch den Raum oder die Anführerin schwenkt gleich auf die Kreisbahn ein.*

**… zum Kreis**
*Der „Kopf der Schlange" reicht dem „Schwanz der Schlange" die Hand und schließt den Kreis.*

**… zur Mitte**
*Zur Begrüßung tanzen alle ein-, zweimal zur Mitte und zurück.*

**… zur Spirale rein**
*Die Leiterin löst die rechte Hand und zieht die Schlange in ein, zwei oder mehreren Runden der Mitte zu und leitet mit einer Schlaufe in der Mitte – evtl. als „Umkehrtor" (siehe nächste Seite) – den Rückweg ein.*

**… zur Spirale raus**
*Schicht um Schicht tanzt der „Kopf der Schlange" nach außen, entlang der Nachkommenden, und schwenkt wieder auf die Kreislinie ein.*

**… mit Zugabe**
*Gut möglich, dass noch genug Musik übrig bleibt, um im Kreis hin und zurück, zur Mitte und zurück oder nochmals eine Spirale zu tanzen und diese z. B. in der schnellen Variante – der „Kopf der Schlange" tanzt durch alle Schichten/Tore (wie ein Wurm aus dem Kohlkopf) – wieder aufzulösen.*

**… zum Schluss im Kreis oder in der Spirale**
*Entweder treffen sich für den Schluss alle wieder im Kreis oder die Anführerin tanzt gegen Schluss der Musik mit der Spirale in die Mitte.*

**… und zum Finale**
*Je nach Stil der Musik ist ein flottes Finale mit Klatsch, Pfiff oder Schluss-Sprung oder – als Schlusstanz – eine gediegene Reverenz zum Abschied angesagt.*

*siehe ausführliche Beschreibung im Buch „Tanzhaus", Seite 20-22 (vgl. dritte Umschlagseite)*

# UMKEHR-TOR  div. Musik

**Eine wirkungsvolle Figur als Zugabe
zum Tanzen im offenen Kreis, in der Schlange, in der Spirale**

Diese Figur lässt sich als schöner Überraschungseffekt und ohne vorgängige Instruktion als Teil der Figuren-Suite „Einsammel-Schlange", als Einleitung oder Abschluss z. B. der „Abhol-Polonaise" oder eines Kreistanzes tanzen. Die Leiterin (am rechten Ende des offenen Kreises/der Schlange) nimmt im Idealfall eine – bereits in den Ablauf eingeweihte – Tanzerfahrene an ihre linke Hand.

Das „Umkehr-Tor" wird als Richtungswechsel-Figur beim Tanzen im offenen Kreis (einfach), in der Schlange frei im Raum (einfach) oder beim Wendepunkt der Spirale (anspruchsvoller) eingesetzt:

## So einfach geht's

*Zum Üben lässt sich das „Umkehr-Tor" am besten aus der Schlange im offenen Kreis einfädeln:*

*Die „Erste" am rechten Ende der Schlange wendet sich der „Zweiten" zu, löst die linke Hand und reicht ihr die rechte Hand, während sie – rückwärts – ein paar Schritte weiter in Tanzrichtung tanzt.*

*Dann werden die rechten Hände zum „Tor" gehoben (keine Hände loslassen!) und die „Zweite" erhält einen kleinen Impuls, damit sie mit ½ Drehung ↻ mit dem Rücken voran durch das „Tor" schlüpft und an der Linken die Nachfolgenden hinter sich her zieht.*

*Die zwei „Tor-Leute" ziehen nun – ohne angehalten zu haben – ab diesem „Wendepunkt" zügig vorwärts in Gegenrichtung das Tor über alle Tanzenden hinweg: Die „Erste" tanzt außen, die „Zweite" innen an der Tanzschlange entlang ...*

*Alle Tanzenden – die ja über die linke Hand der „Zweiten" immer noch mit dem Kopf der Schlange verbunden sind – tanzen durch das Tor und bis zum Wendepunkt und folgen den Anführenden.*

*Sind die letzten durch das Tor geschlüpft, wird man als Anführerin vorerst mal die Hand wieder wechseln und die Schlange eine Weile – mit Blick nach außen – an den Wänden entlang ziehen ... „Noch-Zuschauer" und Nachzügler entscheiden sich vielleicht jetzt doch noch dazu, sich dem offenen Ende anzuschließen. Dann wird es Zeit, die Schlange – evtl. wieder mit dem Umkehr-Tor – zu wenden, um mit dem Blick zur Mitte zu enden.*

siehe ausführliche Beschreibung „Einsammel-Schlange und Umkehr-Tor" im Buch „Tanzhaus", Seite 20-22 (vgl. dritte Umschlagseite)

# ABHOL-POLONAISE

div. Musik

### Ein Frei-im-Raum-Tanzspiel
### für alle Gelegenheiten und Altersgruppen

*Da stehen sie alle – zu zweit, vielleicht zu dritt Hand in Hand – an den Wänden entlang oder im Kreis und warten darauf, abgeholt zu werden. Die „Leader" (d. h. das Einsammel-Paar) – oft als einzige in die Spielregel eingeweiht – starten mit der Musik von der Mitte des Raumes aus:*

## So einfach geht's

### *Vom Einsammeln …*
Die „Einsammler" tanzen auf ein wartendes Paar zu und fordern dieses auf, durch das „Tor" (unter die gefassten inneren, erhobenen Hände des Einsammel-Paares) zu schlüpfen und sich hinten anzuschließen. So laden die „Leader" ein Paar nach dem anderen ein: Der „Tunnel", der kreuz und quer durch den Raum tanzt, wird immer länger und damit umso schöner zum Durchschlüpfen: Das Warten lohnt sich also!

### *… zur großen Promenade*
Sind alle eingesammelt, schwenkt das Leader-Paar auf die große Promenade ein: zügig, damit es keinen Stau gibt und die Paare nicht zu dicht aufeinander folgen.

### *… zum großen Kreis*
Das Leader-Paar wendet während des Weitertanzens die Front zur Mitte und nimmt das zweite Paar an die Hand, welches das dritte Paar auffordert, sich anzuhängen etc. Zuletzt reicht der „Kopf der Schlange" dem „Schwanz der Schlange" die Hand, und der große Kreis schließt sich.

### *… zur Mitte*
Die letzte Aufgabe der „Leader": alle zur Mitte führen. Evtl. ist die Musik zu Ende oder wird ausgeblendet (siehe Finale) oder die Musik spielt weiter und das Spiel beginnt von vorn.

### *… zum Wiederbeginn*
Alle Paare tanzen rückwärts nach außen, nur das Leader-Paar bleibt in der Mitte und startet die nächste Einsammel-Runde! Ist der Ablauf einmal bekannt, werden die Letzten die neuen „Leader" sein!

### *… zum Schluss-Kreis/zur Abschluss-Spirale*
Reicht die Musik nicht mehr für eine ganze Einsammelrunde, kann man als Zugabe kürzere oder längere Figuren tanzen wie: zur Mitte-zurück, evtl. im Wechsel mit Paar-Improvisation am Platz, „Umkehrtor", Spirale … enden im Kreis oder die Leiterin zieht die Spirale bis in die Mitte.

### *… zum Finale*
Je nach Stil der Musik: Klatsch, Sprung, Reverenz … als Schlusspunkt.

### Abhol-Polonaise in der Großgruppe

10-15 Einsammel-Paare schaffen es, auch eine ganze Hundertschaft in Bewegung bringen! Es kann auch in mehreren Kreisen mit je 1-2 Einsammelpaaren getanzt werden.

### Variante „Umgestülpter Socken"

Einmal ist eine witzige, unfreiwillige Variante entstanden: Das aufgeforderte Paar tanzt – anstatt sich nach dem Tor-Tanzen hinten anzuschließen – gleich geradeaus weiter, übernimmt somit für einen kurzen Moment die Führung und fordert seinerseits ein nächstes Paar auf. Somit wechselt die wachsende „Tunnel-Gruppe" mit jedem Führungswechsel auch die Richtung!

> **Tipp**
> Die Dauer einer Runde ist abhängig von der Größe der Gruppe. Mit 20-30 Tanzenden, bei ca. 3 Min. Musik, wird man je nach Zielgruppe 1-2 Runden schaffen. Tipp: Eine Assistenz gibt der Tanzleitung ein Zeichen, wann die halbe Spielzeit um ist. Es können auch 2-3 Einsammelpaare bestimmt werden.

Die Abhol-Polonaise entstand vor vielen Jahren durch Zufall an einem Schulfest. Inzwischen ist sie bereits ein Klassiker geworden und aus dem Repertoire an Ad-hoc-Tanzspielen nicht mehr wegzudenken.

*siehe ausführliche Beschreibung im Buch „Tanzhaus", Seite 34 (vgl. dritte Umschlagseite)*

Sprechrhythmus zur einfachen Variante:

*Liebe Leut, ihr kommt weit her!*
*Tanzt ihr mit? 's ist gar nicht schwer!*
*Untendurch und hinterher*
*und so werden's immer mehr!*

Sprechrhythmus zur Variante „Umgestülpter Socken":

*Liebe Leut, ihr kommt weit her!*
*Tanzt ihr mit? 's ist gar nicht schwer!*
*Untendurch, geradeaus,*
*tanzt ihr gleich zum nächsten Haus!*

# Sozial- und Raumformen, Figure und

| Tanztitel | Raumformen, Sozialformen | |
|---|---|---|
| Tyrish Polka | 4 beliebig lange Reihen im großen Karree | |
| Schotter-Polka | Mixer frei im Raum, im Kreis, in parallelen Reihen oder als „Stern"/Sonne | P |
| Toblana Eck | Mixer im Kreis oder Quadrille | P |
| Bretonischer | Kreis/Schlangen frei im Raum | |
| Alpen-5er | Kreis/Schlangen frei im Raum | |
| Challenge of Change | Solo-Tanz, Linedance evtl. Solo-Paartanz | (P) |
| Di Grine Kuzine | Mixer im Kreis | P |
| Di Mesinke | Kreistanz | |
| Scherele | Paartanz im Kreis oder Quadrille | P |
| Mazeltov | Kreistanz | |
| Tumbalalaika | Kreistanz | |
| Zigainaliabe | Paartanz oder Mixer im Kreis | P |
| 'S Gaistl | Kreistanz, Schlangen od. Reihen frei im Raum | |
| Di wilde Foore | Solo-Tanz, Linedance, Paartanz, Kreis-Mixer | (P) |
| Schiarazula Marazula | Kreistanz, Paare frei im Raum, Paartanz in zwei konzentrischen Kreisen | (P) |
| Valentins Wiegenlied | Kreistanz oder Kreis-Mixer-Varianten | (P) |
| Vogelwalzer | Mixer im Kreis | P |
| Mai Liepschta | Kreistanz | |

*Diese Übersicht mit den möglichen Raum-/Sozialformen, Figuren und Schritt-Mustern soll auch als Hilfe bei der Planung einer Tanzstunde, eines Tanzfestes oder einer längeren Kurseinheit dienen: Eine dynamische, abwechslungsreiche Sequenz ergibt sich sowohl aus Kontrasten wie auch aus ‚Bewegungsverwandtschaften'!*

# Grundschritte
# Schrittkombinationen der Titlá-Tänze

| Figuren | Grundschritte | Schrittkombinationen |
|---|---|---|
| Platzwechsel der gegenüberliegenden Reihen mit ½ Drehung im „Sandwich" | Frei-im-Raum-Form: Gehschritte, auf R/L kommt es nicht an! | evtl. kombiniert mit Wechselschritt am Platz (Pas-de-Basque) |
| Klatsch-Figur mit Partner „auseinander-zueinander" evtl. Dos-à-Dos | Bei Mixer frei im Raum: Gehschritte, auf R/L kommt es nicht an! | Kreis-/Reihen-Variante: Polkaschritt sw |
| Kreis-Mixer: Viereck, Kette, evtl. Swing Quadrille 1: Grand Square, Tore, Große Kette Quadrille 2: plus Paar- bzw. Damenkette | Kreis/Quadrille: Gehschritte, auf R/L kommt es nicht an! Ausnahme: Viereck, Swing | Viereck R: 4 Schritte vw, Seit-ran-Seit-ran, 4 Schritte rw, Grapevine vor-Seit-hinten-Seit, Break: „vor-Platz-rück-Platz" (siehe auch „Di wilde Foore") |
| „Zick-Zack", evtl. mit „bretonischer" Armbewegung parallel zu den Schritten | Teil 1: Gehschritte, Teil 2: Wechselschritt | „Schritt-Schritt-Wechselschritt" |
| typisches Kreistanz-Prinzip: Fortbewegung und „Platz-Figur" im Wechsel | Tanz 1: Gehschritte, Seitschritt hin-her, Seit-Nachstellschritte | Tanz 2: „Seit (Hopp)-kreuz – Seit (Hopp)-kreuz" |
| Spiel mit dem Richtungswechsel | Gehschritte und Wechselschritte, Wiegeschritt hin-her („hi-ha") | „Schritt-Schritt-Wechselschritt" und die Umkehrung „Wechselschritt-Schritt-Schritt" |
| Promenade im Kreis, tanzen zur Mitte und zurück, Paardrehung | Gehschritte und Wechselschritte, Swing-Schritte | |
| Kreistanz-Figuren: Kreis, zur Mitte, Tanz 2 mit „Zick-Zack" | Tanz 1: Gehschritte, Seit-Nachstellschritte, Wechselschritt am Platz, Rutscher (Chug) | Tanz 2: Grapevine „offen" und „geschlossen" Grapevine (offen): „Seite-hinten-Seite-vorne", Grapevine (geschlossen): „vorne-Seite-hinten-Seite" |
| Kreistanz-Figuren: Kreis, zur Mitte, „Umtanzen", Paardrehung, Reverenz | Ruhige und schnelle Gehschritte, Hüpfschritte, auf R/L kommt es nicht an! | |
| typisches Kreistanz-Prinzip: Fortbewegung und „Platz-Figur" im Wechsel, zur Mitte | Wechselschritt, Seitschritt, Kreuzschritt, Tipp | Wechselschritt (-Brush), Wechselschritt (-Hopp), Platzschritt: „Seite-hinten-Seite-Tipp" |
| Kreistanz-Figuren: Kreis hin-her, zur Mitte, Solodrehung | Gehschritte, Wechselschritte, Wiegeschritte | „Schritt-Schritt-Wechselschritt", „Wiege-wiege-Wechselschritt" (vgl. „Valentins Wiegenlied") |
| „Platzwechsel", Tanz 2 evtl. Platzwechsel mit „Tor" | Gehschritte, Seitschritte, Kreuzschritte | Tanz 1: „hin-und-her-und-Platzwechsel (4 Schr.)" Tanz 2: „Walzer-Walzer-Platzwechsel (2 Schr.)" Grapevine offen: „Seite-vorne-Seite-hinten", Grapevine offen: „Seite-hinten-Seite-vorne" |
| Kreistanz-Figuren: zur Mitte und zurück, Fortbewegung im Kreis | Wiegeschritt, Wechselschritt, Nachstellschritt sw | „Wiege-Wechselschritt", „Seit-ran, Seit-ran, hin-und-her-und" |
| Viereck, „Achter", Solodrehung | Gehschritte, Wechselschritt sw, Kreuzschritte | „vor-vor-cha-cha-cha, rück-rück-cha-cha-cha", Platzschritt: „vor-Platz-rück-Platz" (siehe „Toblana Eck"), Grapevine geschlossen: „vorne-Seite-hinten-Seite" |
| Teil A rhythmisch freie Improvisation „Kaleidoskop", Teil B typisches Kreistanz-Prinzip: Fortbewegung und „Platz-Figur" im Wechsel | Gehschritte, Seitschritte hin-her (Branle) | typisches Branle-Muster 2+2+1+1+2 (double-double-simple-simple-double) |
| Kreistanz-Figuren: zur Mitte und zurück, Paartanz-Varianten mit Kette | Wiegeschritte, Wechselschritte | „Wiege-Wechselschritt" (vgl. „Tumbalalaika") |
| Fortbewegung im Kreis, zur Mitte, Partnerwechsel à la Familienwalzer | Walzerschritt, Wiegeschritt | „Walzer-und-Walzer-und-Wiege" |
| typisches Kreistanz-Prinzip: Fortbewegung und „Platz-Figur" im Wechsel | Walzerschritt, Seitschritte, Kreuzschritte | „Seit-kreuz-Platz, Seit-kreuz-Platz" (offen) „kreuz-Seit-Platz, kreuz-Seit-Platz" (geschlossen) |

**P = Paartanz** (P) = auch als Paartanz möglich

 = kann auch als Einsammelschlange oder als Abhol-Polonaise getanzt werden (siehe Seite 126 ff.)

# Schlusswort

Leben und Tanzen – beides ist nicht statisch, hält uns ständig im Fluss. Neue Blickwinkel ermöglichen neue Erfahrungen. Dies habe ich besonders beim hartnäckigen Aufschlüsseln einer bestimmten Musik erfahren – ein spannendes Stück, das mich als Knacknuss Abend für Abend hinhielt, bis ich plötzlich die Bewegungsantwort mit dem Richtungswechsel als Motiv und damit auch gleich einen Namen für das Tanzstück gefunden hatte:

## Challenge of Change

„**Challenge of Change**" möchte ich auch als Losungswort für meine zukünftige Tanzarbeit sehen. Das gespiegelte „Change" blickt zurück – dahin, wo vor Jahren für mich die Herausforderung ihren Anfang nahm: Aus der Begeisterung für die Vielfalt der traditionellen Tanzformen, meinem Spaß am Experimentieren mit der Bewegung und meinem Wunsch, meine Tanzfaszination mit allen Generationen zu teilen und damit die Tanzvermittlung zum Beruf zu machen.
Aller Tanzerfahrung zum Trotz: Mit jeder *Challenge* und beim nächsten *Change* tun sich wieder neue Tanzwege auf, die es zu entdecken gilt. Die Folge davon: diese neue Tanzsuite! Alle sind herzlich eingeladen, die Aufforderung anzunehmen … und mitzutanzen!

# Reverenz

Eine schwungvolle Tanzreverenz möchte ich all jenen erweisen, die zum Entstehen dieser neuen Tanzsuite beigetragen haben.

Wie bereits in der Einführung erwähnt: Die Initialzündung für die vorliegende Tanzsammlung verdanke ich meiner Schwester Elsbeth und den Titlá-Musikern. Ohne sie gäbe es „Tanzen mit Titlá" nicht!

Ein großer Dank geht an Fidula, den vielseitigen musikpädagogischen Verlag. Ein Familienunternehmen in nun bereits der dritten Generation! Die Tanzpädagogik – notabene: stets mit Fokus auf alle Altersgruppen – hat in der Verlagsgeschichte schon immer einen wichtigen Platz sowohl in den Publikationen wie auch in den Kursangeboten eingenommen. Diese Wertschätzung wirkt sich auch auf die schreibende und unterrichtende Tätigkeit einer Tanzbegeisterten aus: Es ist ein Vergnügen, ohne einengende Vorgaben, den eigenen Ideen und Vorlieben folgend, eine neue Tanzsammlung auf die (Tanz-)Beine stellen zu dürfen!
Ein herzlicher Dank geht an Georg Holzmeister, den langjährigen Geschäftsführer des Fidula-Verlags, der sich – nicht zum ersten Mal – für die Idee einer neuen Tanzsammlung begeistern ließ und dem Projekt von Anfang an wohlgesinnt war. Sodann danke ich auch Katharina Holzmeister, die als Nachfolgerin ihres Vaters die neue Suite „Tanzen mit Titlá" – sozusagen als Nachfolgewerk zum „Tanzhaus" – mit Interesse in ihr Verlagsprogramm aufgenommen hat. Es wirbt jedoch nicht nur der Verlagskatalog für lebenslanges Tanzen: Auch an den Tanzabenden der Fidula-Veranstaltungen – getreu der Verlagstradition – findet man die jetzige Verlagsleiterin mitten unter den Kursteilnehmern mit sichtbarem Vergnügen das Tanzbein schwingen – beste Propaganda für die Sache der Tanzpädagogik!

Ein besonderes Lob und Dank gebührt Enrico Ehlers, Mitarbeiter des Fidula-Verlages und *die* Idealbesetzung, wenn es darum geht, einem Tanzbuch in der Schlussphase Pate zu stehen: Einen derart vielseitigen Lektor, der nicht nur deplatzierte Kommas und hartnäckige Helvetismen aufspürt, sondern die Tanzbeschreibungen auch als versierter Musiker und begeisterter und kritischer Mittänzer unter die Lupe nimmt, wird man nicht so schnell finden! Herzlichen Dank für die fruchtbare Zusammenarbeit!

Tanzen ist das Eine, auf dem Bildschirm herumhüpfende Tanzsymbole getreu nach Vorlage auf ihre Plätze zu bannen ist das Zweite: Dass sich unser Tanzlesebuch in fachfraulichem Layout und attraktivem Tanzkleid präsentiert, ist das Verdienst von Heike Herrmann, freiberuflicher Grafikerin aus Bickenbach.

Auch die Entstehung eines Tanzbuches kann zeitweise zur Familienangelegenheit werden. So konnte ich es nie lassen, meine Mutter Rita Leupold-Lavard – selber auch während vieler Jahre passionierte Tanzmultiplikatorin im In- und Ausland – oft als Erste in meine neuen Tanzideen einzuweihen und mit ihr zu diskutieren – ein Austausch, der stets beflügelnd wirkte: So hat „Tanzmutter Rita" – wie sie vielen Leser(inne)n in Erinnerung sein wird – noch an ihrem 91. Geburtstag mit Vergnügen zugeschaut, wie ihre Familie für die Fotos zu den Quadrillen-Figuren posierte. Im April 2015 ist sie mit ihrer Lieblingsmusik noch im Ohr still „weitergetanzt".

Beim Texten haben mich immer wieder mal meine Tochter Laura und ihr Vater Jean-Pierre – beide vom Fach – zum korrekten Umgang mit der deutschen Sprache gemahnt.
Und dass auch meine beiden Schwager, Neffen und Nichte sich bei dieser Tanzsammlung bereit erklärten, für den einen oder anderen Tanzablauf Modell zu stehen, spricht für ihre wohlwollende Anerkennung meiner Tanzarbeit.
Damit möchte ich auch meiner Schwester Ursula danken, hatte sie doch bei „Tanzen mit Titlá" ebenfalls ihre Finger im Spiel, d. h. am Auslöser ihres Fotoapparates. Wie oft balancierte sie doch hoch auf der Leiter oder hüpfte zwischen den Tanzenden herum. So hat sie unsere Tanzsammlung mit dem einen oder anderen Schnappschuss und mit stimmungsvollen Aufnahmen von den „Tonangebenden" – den Instrumenten und ihren Musikern – bereichert.

Meinem langjährigen Kollegen Francis Feybli bin ich dankbar, dass ich ihn – als Spezialist für internationale Tänze – bei tanztechnischen Fragen und Fragen zu interessanten kulturgeschichtlichen Zusammenhängen stets um Rat bitten kann und dass er mir für die Aufzeichnung von Tänzen seine von ihm entwickelte Tanzschrift-Software zur Verfügung stellt.
Ein weiterer Dank geht an „Mutter und Sohn Meyer": Thomas Meyer, Autor des Romans „Wolkenbruchs wunderliche Reise in die Arme einer Schickse", hat meine spontane Anfrage zu Schreibweise und Übersetzung der jiddischen Texte gleich aufgegriffen und mich an seine auch mit Jiddisch aufgewachsene Mutter Wera Meyer weitervermittelt. Sie hatte großen Spaß an diesem Auftrag! Und ich bin um wertvolle Erkenntnisse und viel Wissenswertes zur jiddischen Sprache und einen sympathischen Kontakt reicher geworden.

Mike Horowitz, passionierter Komponist und Musiker, hat es mit fachmännischem Schnitt und Geschick verstanden, einigen Stücken auf der CD zu diesem Buch (siehe zweite Umschlagseite) die ideale Form fürs Tanzen und Weitervermitteln zu geben, ohne dass es der Originalfassung einen Abbruch tat.

Und *last but not least* geht auch ein Dank an alle begeisterten Mittänzerinnen und Mittänzer der ersten Stunde, die – oft ohne es zu wissen – die neuen Tanzideen zu testen halfen und somit einen wesentlichen Beitrag leisteten, als es darum ging, von verschiedenen Versionen eines Tanzes sich für jene zu entscheiden, die nicht nur am besten zu der Musik passt, sondern möglichst wandelbar ist und verschiedenen Zielgruppen und Situationen gerecht wird.

Regula Leupold, September 2015

**Tanzen zu Live-Musik von „Titlá"**
„Titlá mit Regula" lassen sich bei frühzeitiger Planung auch buchen: für Konzert und anschließendem Offenen Tanzen mit Anleitung sowie auch als Highlight – z. B als Auftakt bzw. Zwischen-Programm oder Abschluss – eines (Wochenend-) Tanzseminars zur vorliegenden Tanzsammlung. Ob mit oder ohne Tanzerfahrung, „Nur-Zuhörende" oder „Auch-Mittanzende": Alle sind herzlich willkommen! Kontaktangaben hierzu finden Sie auf Seite 4.

Christel Stolze-Zilm
## Getanztes Feuerwerk
Buch und CD,
Best.-Nr. **573** • **€ 29,90**

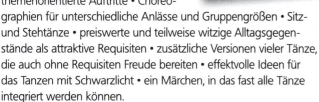

**Ein Feuerwerk zündender Tanzideen** für Gruppen jeden Alters: in der Grundschule, Sekundarstufe, im Verein, in Gemeinden und in der Tanzschule. 188 Seiten mit über 200 Fotos, 80 Skizzen und 40 Notenbeispielen bieten: Vorschläge für themenorientierte Auftritte • Choreographien für unterschiedliche Anlässe und Gruppengrößen • Sitz- und Stehtänze • preiswerte und teilweise witzige Alltagsgegenstände als attraktive Requisiten • zusätzliche Versionen vieler Tänze, die auch ohne Requisiten Freude bereiten • effektvolle Ideen für das Tanzen mit Schwarzlicht • ein Märchen, in das fast alle Tänze integriert werden können.

**Inhalt der CD:** Lodernde Flammen (Čerešnička) • Zeigt her eure Taschen! (Brahms: Ungarischer Tanz Nr. 5) • Feuerwerk der Glühwürmchen (My Lagan Love) • Gut beschirmt! (Wipe out) • Der Schlüssel zum Tor (Wishman) • Wellenbogen (Offenbach: Barkarole) • Mozartbogen (Kontratanz G-Dur) • Im Buchstabenland (Limoeiro) • Geometrie (Boogie-Woogie-Session) • Klappern gehört zum Handwerk (Romanul de la Bolintin) • Schwungvoll mit Bach (Badinerie) • Tanz der Wäsche (Country Dance) • Regenbogen-Rhythmus (Talking Maracas) • Schweben! (Walzer op. 39, Nr. 15) • Das Tanzorchester (Music for a found Harmonium) • Streetdance (Iţele) • Tanzen im Quadrat (12th Street Rag) • Ein Schirm und viele Hände (The Glove) sowie alle Tänze aus Händels „Feuerwerksmusik" u. a.

Herby Neumann
## Maculelê
Buch und CD, Best.-Nr. **650** • **€ 31,60**
## Madalena Dança
Buch und CD, Best.-Nr. **649** • **€ 29,80**

**Tänzerische Spielideen zu afro-brasilianischen Rhythmen** für Tänzer(innen) ab 12 Jahren: *Move your body* – mal in Schlangenbewegungen des Körpers mit den Händen auf dem Rücken, mal im Körperkontakt mit einem anderen Tänzer – die Grenze zwischen sportlichem, kraftvollem Bewegen und erotischem Tanz ist fließend. Seit „Madalena Dança" wissen wir, was wir von Herby erwarten können: Spaß beim Tanzen.

**Inhalt des Buches „Maculelê":** Aufwärm- und Vertrauensspiele • Variationen zu den Grundtanzschritten Baião, Xote, Samba • Tänze mit dem Gymnastikband • Choreographien für Gruppen
**Inhalt der CD „Maculelê":** Maculelê – Tanz mit Stöcken • Berimbau • Bahia Linda • Baião Reggae • Prenda Minha • Cotidiano • Vem • Noite di Verão • Sertão Baião • Primavera • Te, te, Kule • Yolanda

**Inhalt der CD „Madalena Dança":** Madalena dança • Sol, lua e estrelas • Baião Bavária • Batucada a la OS PATETAS • Como dizia o poeta • Coco di Coconut • Samba lêlê • Xaxado • Nesta rua • Fogo de frevo

Hannes und Michael Hepp
## Mitmachtänze 1 bis 4
CD 1 und 2 mit 39 Tanzbeschreibungen, Best.-Nr. **674** • **€ 38,40**
CD 3 mit 20 Tanzbeschreibungen, Best.-Nr. **675** • **€ 21,60**
CD 4 mit 23 Tanzbeschreibungen, Best.-Nr. **676** • **€ 21,60**
DVD zu den „Mitmachtänzen 4", Best.-Nr. **774** • **€ 19,90**

Die Reihe bietet Tanzbeschreibungen für alle Altersgruppen zu einfachen Tänzen (ohne großen Übungsaufwand) aus Belgien, Bulgarien, Deutschland, England, Frankreich, Französisch Canada, Griechenland, Irland, Israel, Mazedonien, Mexiko, Österreich, Kroatien, Rumänien, Schottland, Serbien, der Türkei, Ungarn und den USA. Dazu gibt es Original-Musiken, eingespielt von internationalen Folklore-Ensembles. Die DVD zu den „Mitmachtänzen 4" erleichtert das Erlernen der Tänze, zeigt sie aus verschiedenen Einstellungen, ermöglicht schnellen Zugriff auf jeden Tanz und enthält auch alternative (vereinfachte) Tanzformen.

**Inhalt:**
**Mitmachtänze 1** Bravade • Agir Haley • Rumba Kolo • Pravo Horo • Tango-Mixer • Pljeskavac • Country Waltz • Promoroaca • Raspa • Carolan's Welcome • Pera Stus Pera Kampus • Texas Schottisch u. a.
**Mitmachtänze 2** King of the Fairies • Zorba's Dance • Arbogaster Polka • Ma Navu • La Bastringue • Tennessee Wig Walk • Varba harangoznak • Spanischer Walzer • Makedonsko Devojce • Flowers of Edinburgh • Frunza u. a.
**Mitmachtänze 3** Rose of Raby-Walzer • Bells of Norwich • Ajde Lepa Maro • Palamakia • Ronde d'Argenton • Mari Marijko • Circassian Circle • Hanter Dro • La Chapelloise • Cotton-Eyed Joe • Les Champs-Elysées • Memphis • Lucky Seven • Ceresnicky • La Cucaracha • Indian Queen • Luna Waltz u. a.
**Mitmachtänze 4** Cassandra • Circle Nonesuch • Ohrenschmaus Mixer • Münchner Polka • Break Mixer • Antonius Walzer • Alabama Jubilee Mixer • Sally Gardens • Tsakonikos • Pravo Rodopsko Horo • Branle des Rats • Nobel Mixer • Jessie Polka • Broken Sixpence • Childgrove • Syrtos Nisiotikos • Yah Ribbon u. a.

**www.FIDULA.de**